노을빛에 타오르는 청춘

양재노인종합복지관 사화집

노을빛에 타오르는 청춘

양재노인종합복지관 사화집

밀레

서문

팬데믹이란
전 세계의 무서운 변화 속에
한 해가 저물어가는 이때

열정의 삶으로 배우고 익힌
노 청춘의 글들을 모아 모아
장엄한 여정의 길을 남기고자
또 한 권의 책으로 묶어본다.

파란만장한 생의 희열과 고난의 길에서
삶이란 체험으로 얻어진
감성적 진리와
깨달음으로 엮어진 사상과 철학이
숨 쉬는 글들을 세상에 펼치면서
보람과 자긍심을 선물 할 수 있어 즐겁다.

더 많은 즐거움과 열정으로
더 큰 뜻을 세상에 펴
노 청춘의 발랄함을
만방에 뿌리시길 바라는 마음이다.

2021년 12월
지도교수 정 찬 우

축사

 올 한 해도 어김없이 시와 수필로 열정 가득한 뜨거운 삶을 풀어낸 시창작반 어르신들께 존경과 박수를 보냅니다.
 코로나19로 지치고 힘든 시간이었음에도 불구하고 식지 않는 열정으로 한 작품 한 작품 정성스럽게 써내려가셨을 어르신들의 작품을 보며 가슴 뭉클한 감동을 느낍니다. 또한 어르신들의 솔직하고 소박한 삶의 이야기가 끝날 듯 끝나지 않는 긴 터널을 지나고 있는 누군가에게 위로가 되고 울림을 주는 삶의 위안이 될 것이라 생각합니다.
 해가 거듭할수록 날로 깊어지는 감성의 깊이에 또 한 번 감동하며, 수고하신 시창작반 시인분들과 정찬우 지도교수님께 찬사를 보냅니다.
 다시 한 번 양재노인종합복지관 시창작반 어르신들의 사화집 발간을 진심으로 축하드리며 맞이하는 새해에도 늘 건강하시길 기원합니다.

2022년 1월
양재노인종합복지관 관장 전 경 아

축시 _노을빛에 타는 청춘

팬데믹이란
무서운 삶 속에서도
젊음의 열정을 불사르는
노 청춘의 일상들

배움이란 즐거움과
보람이란 역사를 쌓아가는
그들의 삶 속에 녹아내린 사연들

차곡차곡 눈처럼 쌓여
한 해의 수확을 거두는 장엄한 여정의 길
존경과 찬사로 축배의 잔을 드린다

보석 보다 더 귀한
한 편 한 편의 주옥같은 시심(詩心)들
영혼의 울림이 되어
세상을 밝히소서

그대들의 영혼의 맑은 향기
바람으로 구름으로 두둥실 세상을 밝혀
자손만대에 길이 빛나소서
새 역사 창조로 거듭나소서

지도교수 정 찬 우

⊃ 목차

서문 : 정찬우 ································· 5
축사 : 전경아 ································· 6
축시 : 정찬우 ································· 7

김귀현

• 시 •

숲길 따라 ································· 16
11월의 초입에서 ······················· 17
꽃밭에는 ··································· 18
상추 ··· 19
엄마란 이름 ······························ 20
감사 ··· 21
열매 ··· 22
세월 ··· 23
단풍 ··· 24
인생길 ····································· 25
파도 ··· 26
연륜 ··· 27
봄 ··· 28
친구의 비운 ······························ 29

• 수필 •

빛바랜 그리움 ………………………………… 30
북해도 관광 …………………………………… 32
아버지란 존재 ………………………………… 34

명영남

• 시 •

어머니 …………………………………………… 38
아버님 …………………………………………… 39
술(酒)과 시(詩) ……………………………… 40
정지된 삶 ……………………………………… 41
흔들리지 않는 세상 ………………………… 42
만애(晚愛) ……………………………………… 43
불사조 …………………………………………… 44
절제와 간결의 미학 ………………………… 46
독도 ……………………………………………… 47
낙엽에 띄운 연서 …………………………… 48
벗에게 …………………………………………… 49
입동(立冬)에 띄운 엽서 …………………… 50

• 수필 •

도산 정신이 영혼에 날개 달다 …………… 51
기러기 인생론 ………………………………… 59
줄탁동시[啐啄同時]의 삶 …………………… 62

성금희

• 시 •

풍속 ··· 66
아버지 ··· 67
만리포의 밤 ·· 68
오카리나의 꿈 ····································· 69
산에는 ·· 70
가을 숲 ··· 71
둘레길에서 ··· 72
산길 ··· 73
숲속 풍경 ·· 74
자전거 ·· 75

• 수필 •

시골의 맛 ·· 76
사진일기 ·· 79
삿뽀로 여행 ·· 82
매화 단상 ··· 85
처음 한 그룹투어 ································· 87
소확행 ·· 89

이한희

• 시 •

벌써 봄이 ………………………………… 92
봄은 왔는데 ……………………………… 93
봄나들이 ………………………………… 94
간절기(間節氣) …………………………… 95
메밀국수 ………………………………… 96
시냇물 …………………………………… 97
가을 ……………………………………… 98
처마 끝 빗물 ……………………………… 99
밤비 ……………………………………… 100
엄마 ……………………………………… 101
어머니 …………………………………… 102
감로암 …………………………………… 103
첫눈 ……………………………………… 104
빗물 ……………………………………… 105
비가 내리면 ……………………………… 106
어느새 가을이 …………………………… 107

• 수필 •

아버지 …………………………………… 108
어린 시절의 추억 ………………………… 110
동행 ……………………………………… 112
어느 날의 단상 …………………………… 114

묵직한 사랑 ·· 116

장수정

• 시 •

단풍 ··· 120
벚꽃 ··· 121
청령포의 오월 ··· 122
추석 상차림 ·· 123
설날 ··· 124
추석맞이 ·· 125
가을 손님 ··· 126
아버지 ··· 127
첫눈 ··· 128
가을걷이 ·· 129
한강에서 ·· 130
짝 잃은 철새 ·· 131
진달래 꽃 ··· 132
코로나 시대 ·· 133
남산 ··· 134

• 수필 •

동행 ··· 135
어르신과의 인연 ····································· 137

생존의 가치 ………………………………… 140
아버지 ……………………………………… 143

정귀자
• 시 •

벗이여 ……………………………………… 146
난 …………………………………………… 147
숲길에서 …………………………………… 148
호반 ………………………………………… 149
대공원 동산엔 ……………………………… 150
귀뚜라미 …………………………………… 151
고향 집 ……………………………………… 152
구절초 ……………………………………… 153
아버지 가시던 길 …………………………… 154
아름다운 날 ………………………………… 155
꽃향기 ……………………………………… 156
벚꽃 ………………………………………… 157
기쁨의 날 …………………………………… 158
어머니 ……………………………………… 159
가을 하늘 …………………………………… 160
가을 엽서 …………………………………… 161

• 수필 •

봄나들이 ··· 162
추석맞이 ··· 164
추모 예배를 드리며 ·· 166

김 귀 현

경기도 광주시 태전동 성원쌍떼빌 204동 1302호
TEL ; 010-3799-1744

숲길 따라

숲길 따라 거기에 가면
해맑은 애정이 흐르는 곳

그곳엔
영혼이, 사랑이,
그윽한 눈빛으로 손짓한다

그리고
행복이라는 원형을 그리며
노을 진 하늘을 새가되어 날고 있다

사랑
그 영혼의 믿음을 위해

11월의 초입에서

엊그제
10월을 배웅하고 돌아서니
어느새 금년도 댕그란이
두 달 남짓

속절없는 시간의 흐름 속에
아련히 밀려오는 아쉬움과 그리움들

아직은
아름답게 채색된 가을의 정취가 있기에
샛노란 은행잎의 미소가 춤을 추며
낙엽 밟는 소리에 임이 그리움은
어쩔 수 없는 여인네의 향기일까

샤르르 떨려오는 바람결에
색감의 선율로 매료된
이 아름다운 계절
화가의 작품이
시인의 읊조림이
이 보다 더 깊은 가슴앓이를 할 수 있을까

꽃밭에는

화사한 봄날
바람타고 내려앉은 꽃밭에는
방긋방긋 미소 짓는
꽃 향이 넘실대는데

포근한 엄마의 마음 밭엔
울부짖는 자식들의 성화 꽃만
아롱다롱 피었다 져가네

언제일지 모른
꿈 많던 그 시절의 향들을 그리워하며
오늘을 호흡하는 자연의 섭리

그리도 많은 날들
피고 지는 꽃 향의 여운 속에
꽃등 달고 내려앉은 섬섬옥수의 꽃밭

상추

하늘땅에 자란
영국이네 상추는
언제나 싱글벙글
사랑과 배려의 맛이 그윽하다

힘 잃고 맥 빠져 누워있을 땐
지극정성 열꽃으로
새롭게 일어서는 청춘의 열기들

한 쌈 한 쌈
돋아나는 향 짙은 입맛들
그 속엔
언제나 뜨겁게 넘실대던
가슴앓이 사랑들

엄마란 이름

세상에서 제일가는 언어
불러도 불러도 싫지 않는

잊으래야 잊혀 질 수 없는
영혼의 울림

그대와 함께라면
지구 끝까지도 행복한 그 이름

허나,
예상치 못한 그 어느 날
통곡의 한(恨)이 가슴을 칠 때
후회 아닌 회한이 눈꽃 되어
펑펑 휘날리어 가슴에 멍이 든
그 이름

감사

자연의 색감에
아름다움을 보았고
홍안의 눈빛에
낙엽 뒹구는 바람을 느끼고 있다

침묵이란 고요 속에
묵시적인 사랑을 느끼며
감동으로 다가온 애정도 가졌다

깨달음이 주는 섭리와
반성과 뉘우침의 가르침 속에
사랑과 감사의 열매를 가졌음에
고마울 뿐이다

열매

비바람 모진 풍파 견디며
밝은 햇살로 키워온
탐스런 열매

어쩜 저리도 고운 낮을 밝혀
곱디곱게 자랐을까
뿌리며 몸통의 피를 닮은 건가
변형유전자인가 알 수 없으나

힘들고 고달픔 견뎌온
농부의 정성만큼은 비할 바 없구나

보기도 아깝고 먹기도 아까운
내 피돌기의 자식들
이제 세상을 뒤흔드는
고품격 귀한 맛으로 세상을 일구어라

세월

삶이 한(恨)을 불러
세월을 낚더니만

어느새
팔십 인생 팔장끼고 불러댄다

가기 싫다 눈물 반
떼를 써 보지만
육십도 칠십도 나를 버린
매정한 세월들

가라면 가지
오라면 오지

그 길이 천국이라면
아쉬움도 뒤로한 채
기쁨으로 달려가리

단풍

훈풍으로 태어난
푸르른 잎들

태양의 열기로 한 생을 살다
마지막 정열을 불꽃으로 피는구나

푸르른 생명들
바람에 나부끼는 휘몰이의 삶이라도

너의 열정
너의 가치는
영원한 추억이다

인생길

삶이란
고난과 역경 속에
참이란 진실이 존재한 것인가

아님,
성공과 행복 속에
보람과 희열의 극치가 존재하는 것인가

과거도 현재도
별 다른 변함없는 가치 속에
무엇을 기대하며 살아왔는가

하루가 버겁고
십년이, 일생이 그렇고 그런 삶이였다면
가치의 중량은 무엇으로 자리매김할까

파도

멀고도 먼 길 달려와
부딪혀 깨어지는
저 화려한 풍광

한때는 낭만으로
한때는 악마의 화신으로
그 속을 노닐던 갈매기 떼

오늘은
날 위한 그리움 안고
그대 품안에 일렁이겠지

아니,
그대 위한 그리움 안고
내 가슴에도 파도치겠지

연류

세월이란 마음 밭엔
긍정과 부정의 씨앗만 자리하여
아쉬움만 돋아나고 있다

때로는 그리움도 허접함도
때로는 광란의 빛들이
함께 피어났으면 좋으련만

삶이란 여정엔
언제나 밝음 보다 어둠의 틀이
강하게 나타나는
그것
그것이 인생이 아닐까

봄

봄은
수줍은 미소로 팔랑이며 왔다

화려한 꽃잎만 날린 채
숲속으로 사라지는 여운

그 속엔
언제나 무르익어 피어나는
벌 나비 향의 기쁨

이 봄도
가녀린 몸짓으로
나를 유혹하는 꽃바람 소리

친구의 비운

꽃보다 아름다운 친구에게
불청객이 찾아와
날 놀라게 하고 있다

네가 뭐 길래
허식도 가식도 없는
순수와 청량한 미소의
내 벗을 건드려

네가 뭐 길래
서로가 토닥이며
위안의 미소로 쌓아간
우리들의 우정
우리들의 그 깊은 정을

그토록 짓밟아
하늘 향한 마음 밭을
떠나게 하느냐

빛바랜 그리움

을씨년스런 바람과 함께 어둠이 깔리는 저녁 시간이다. 창밖엔 보슬비가 추적추적 내리고 사랑의 세레나데가 선율을 타고 가슴에 젖어온다. 모처럼의 휴식공간에 피곤이라는 어휘 자체를 부정하고 싶다고나 할까… 따끈한 매실차 한 잔이 나만의 사색의 공간을 조용히 수놓고 있다.

삶이란 여정에 기쁨과 슬픔, 환희와 미련이란 애잔한 그리움 속에 흐르는 채색된 사랑들이며, 까마득히 잊고 살았던 추억들이 주마등처럼 흐르는 시간이다. 참으로 수정 같이 맑고 밝은 어린 시절의 마음이 그러했고, 조건 없이 주고받았던 첫사랑이며, 무한대로 쏟아 부어준 부모님의 크나 큰 사랑이 그리워진다.

"어버이 살아 실제 섬기길 다 하여라. 지나간 후면 애닯다 어이하리 평생에 고쳐 못 할 일 이 뿐인가 하노라" 하던 선인들의 말씀처럼 시간이 흐르고 흘러 세월이 가면 갈수록 더더욱 선명하게 살아 숨 쉬는 건 부모님에 대한 그리움이 아닐까 싶다.

목이 터지도록 부르고 싶은 어머니! 아버지! 부르다 가슴에 멍이 들어 눈시울이 뜨거워지면 그리운 그 목소리 들을 수는 있으려나… 가슴이 저미도록 하얗게 빛바랜 그리움에 자주 찾아뵙지 못한 후회의 채찍이 가슴을 친다.

이제와 후회한들 무슨 소용일까 마는…, 부모님의 그 깊고 넓은 사랑이며, 그 사랑의 수치며 무게의 척도를 알아차릴 때쯤엔 "괜찮다" 위안주시는 그 마음 밭이 부모님이 아닐까….

아직도 그 거룩한 은혜와 가르침을 다 하지 못한 삶인데도 "정직과 용서와, 감사하는 마음과 근면과 성실로 최선을 다하라" 시는 그 말씀만은 지금도 생생히 기억하고 있답니다. 생각할수록 그리워지는 아버님 어머님, 그 거룩한 이름 부르고 기억할수록 뜨거운 눈물이 줄기를 타고 가슴에 젖네요.

그저 감사하다는 말, 사랑한다는 말 뿐이지만….

북해도 관광

　잠시나마 나만의 여유 있는 시간을 갖고자 4박 5일간의 북해도 여행을 떠났다. 도착하는 그날 따라 하얀 눈이 흩날리며 소복이 쌓여 있는 모습에서 즐거운 감탄사를 연발하며 친구들과 깔깔대며 웃음이 그칠 줄 몰랐다. 오랜만에 갖는 해외여행이라 설레임과 긴장이 동시에 마음을 억누르고 있었다.
　그런 상항 속에서 맞는 설경(雪景)이란 참으로 아름답고 화려한 울림이었다. 그렇다. 긴장된 모습은 여행의 의미를 상실화 시키는 매체라면… 사랑과 감사의 눈길과 마음은 설레임의 효소가 아닐까! 우리들에게 주어진 이 좋은 시간을 후회 없이 보내고 싶은 북해도 관광 여행. 참으로 아름다고 깨끗한 도시이며 병풍처럼 펼쳐진 오야호의 호반엔 하얀 백조들이 이곳저곳에서 우리를 반기듯 유유자적 날개를 펼치며 군무(群舞)을 치고 있었다.
　그뿐이랴, 우슈산엔 기염을 토해내듯 봉우리 마다 하얀 연기를 뿜어내고 있었다. 마치 어릴 적 시골집의 저녁밥 짓는 듯한 풍광에 더욱더 친근감이 느껴지고 있었다. 이곳을 지나 오누마 공원의 호수에 이르자, 반짝이며 넘실대던 물결 위로 쾌속정을 타고 달리던 그 모습이며 호반을 에워싼 우람한 절경은 감히 우리들의 마음을 흥분의 도가니로 유혹하지 않았던가.
　하루의 시간이 야속하리만큼 훌쩍 지나가는 아쉬움을 달래기라도 하듯 오늘의 마지막 코스인 사포로 맥주 공장에 들렸다. 으레 방문객들에 주는 시음회 자리이긴 하지만 하루의 피곤을 녹여주는 사포로 맥주 맛은 참으로 황홀 그 자체였다.

일행들은 차갑게 목을 타고 넘어가는 짜릿한 맥주 맛에 금방이라도 취한 듯 콧노래들이 자연스럽게 울러 퍼지고 있었다. 이렇게 하루의 관광이 끝나고 오야썬 팔래스 호텔에 여장을 풀었다. 매일처럼 장소를 옮겨 다니는 여행이라 가는 곳 마다 다른 호텔이지만 그 나름대로의 특색과 분위기는 우리를 자극하기에 만족하였다.

그런데 오늘밤 묵을 이 오야썬 팔래스 호텔이야 말로 고대 로마시대의 궁전의 웅장함을 연상케 하듯 그 우람함과 아름다움은 이루 무어라 형용할 수 없을 정도였다. 뿐만 아니라 호텔에서 내려다보이는 산의 절경은 온통 은발의 잔디처럼 펼쳐져 있었다. 금방이라도 뛰어나가 하이얀 눈 속에 파묻혀 뒹굴고 싶은 생각을 하지 않을 수 없었다.

또한 각종 놀이기구가 겸비된 수영장과 온천장 모두가 내 나이를 잊어버린 채 천진난만한 어린 시절로 되돌아가지 않나 싶다. 이처럼 끊임없는 상상의 나래를 펴며 해저열차를 타고 지나면서 전개되는 눈꽃축제들 그림으로 표현할까, 노래로 표현할까, 감히 무어라 표현할 수 없는 자연의 섭리였고 신의 조화였다.

갑자기 소월의 시가 생각난다.

"그립다 말을 할까 하니 그리워/ 그냥 갈까 그래도 다시 또 한 번 그리워 살뜰히 못 잊는데/ 어쩌면 생각이 떠지나요"

새하얀 백설의 존재, 자연의 위대함 속에 우리들의 삶이 깃들 수 있다는 것에 감사와 찬사를 아니 보낼 수 없다는 것을 깨닫는 뜻깊은 여행이었다.

아버지란 존재

아버지란 존재를 말한다는 것이 얼마나 허무맹랑하며 가당치도 않는 의미인지 너무도 잘 알기에 가슴이 무겁다.

일제 36년의 혹독한 세상에서 태어난 아버지는 3세 때 어머니가 돌아가셨다. 어쩔 수 없는 가난한 살림살이에 3살짜리 아기를 키워야 했기에 할아버지는 새 장가를 드셨다. 자연스럽게 서모 밑에서 자라 초등학교엘 입학을 하였다. 6년 동안 1등을 단 한 번도 놓치지 않은 성적으로 졸업을 할 수 있었으나 가정 형편이 어려워 더 이상 공부를 할 수가 없었단다.

'인생의 길은 뜻 있는 곳에 길이 있다'는 잠언이 있듯, 기적이 일어났다. 일본인 교장 선생님께서 아버지를 불러 하시는 말씀이 너처럼 착하고 공부도 잘 하는 사람이 중학교를 안가서야 되겠느냐며 너야 말로 먼 훗날 나라를 위하여 큰일을 할 수 있는 사람이니 나를 따라 일본으로 가자고 하셨단다.

그러나 집안 사정으로는 도저히 엄두를 낼 수 없는 형편이었으나 그 말을 전해들은 할아버지께서 흔쾌히 허락을 하셨단다. 때마침 일본인 교장님은 한국 파견 임기가 끝나서 일본으로 돌아가는 길이었다. 이러한 국적과 풍습과 언어가 다른 이국인과의 인연으로 아버지는 교장선생님을 따라 일본으로 유학을 떠나시게 되었다. 돈 한 푼 없이 오직 의지할 곳은 일본인 교장선생님 뿐이었다. 무섭고 겁도 많은 어린 소년의 마음은 과연 어떤 심정이었을까.

현해탄을 건너 도착한 일본 땅엔 춘삼월의 벚꽃이 만발할 때였다. 현란한 타국에서의 첫 밤을 지세는 아버지의 마음은 좋다는 생각 보다는 두려움과 강박감을 어찌 견뎌야 하나를 무척도 고민하셨을 것이다.

그러나 그러한 아버지의 걱정은 한갓 기우에 불과하였다. 교장 선생님은 그 다음 날부터 일본의 각 중학교에 연락을 취하여 아버지를 중학교에 입학시켜 주셨다. 뿐만 아니라 취직도 시켜주고 아르바이트 자리까지 주선해 주셨던 것이다. 몇 년 동안은 교장선생님 집에서 숙식도 제공해 주셨다고 한다. 이렇게 중·고등학교와 대학을 졸업하고 예쁘고 착한 엄마를 만나 결혼까지 하시고 첫 딸인 나를 낳았다고 한다.

그 행복도 잠시 세계2차 대전이 일어나 그리운 고국으로 귀국하게 되었단다. 젊은이들은 전쟁터로 끌려가고 세상은 순식간에 아비귀환이 된 시대였다. 다행히도 아버지는 전쟁터까지는 안가셨지만 일본에서 배웠던 생활 습관과 삶의 자세는 너무도 철저한 사상과 철학을 가지고 계셨다. 정직과 겸손, 정의와 불의에 대한 사상, 근검과 절약, 계획과 반성에 대한 철저한 삶의 철학으로 우리 남매들을 교육시키셨다. 거짓말에는 벌을 하셨고, 잘 못한 일에는 반성문을 써야 했으며, 한 푼의 낭비에도 사전 계획과 결과를 기록해야만 했었다.

이러한 아버지는 곧 우리 남매들에게 호랑이처럼 무서운 존재였고 두려운 존재였다. 그리하여 아버지 옆에 있는 것도 무서워 도망 다니기 일쑤였고 미워하기도 하였다. 그런데 내가 27세에 결혼을 하고 나서야 아버지의 참사랑이 무엇이며 어떤 것이었는지를 느끼고 깨닫게 되었다. 그러면서도 감히 아버지 곁에 가기를 무서워했던 나 자신에 대한 죄책감에 한 동안 시달리기도 했었다.

세상의 모든 아버지들의 존재란 이처럼 말로도 표현할 수 없고 글로도 표현 할 수 없는 오직 무언의 행동으로만이 표현 할 수 있는 것 이였다는 사실에 깊은 감명과 존경의 대상이 되는 것이 아닌가 싶다. 뒤늦게라도 아버지의 존재를 깨닫고 뉘우침으로 아버지 곁에 다가갈 수 있었기에 다행이기도 하다.

때는 늦었지만 아버지 74세에 위암으로 병상에 누워 계실 때 말로는 표현 할 수 없었던 나의 죄스런 말씀을 편지를 통하여 읽어드렸더니 묵묵히 듣고 눈물을 흘리시던 그 모습이 지금도 가슴 아프게 다가온다. 아버지, 그 동안 아버지의 참 뜻을 헤아리지 못했음을 진심으로 죄송합니다. 아버지 사랑해요. 그리고 또, 또 사랑할 거예요. 아버지의 그 훈훈한 교훈, 끝까지 지켜가며 내 자녀들에게 전수하렵니다.

아버지 전정으로 감사드립니다.

명 영 남

서울시 강남구 삼성로 150, 102동 1003호(대치동, 한보미도맨션)
TEL ; 010-9891-0864

어머니

내겐 세분의 어머니가 있다
생명의 기(氣)를 넣어준 엄마
회초리로 길러준 어머니
인생의 도(道)를 깨닫게 해 준 어머님

자나 깨나 지극정성으로
다듬고 깨우치며 돌봐주신
그 거룩한 정성의
세 여인의 존재

하늘의 계시인지
존재의 계시인지 알 수 없으나
그 분이 아니었다면
존재할 수 있었으랴

우주의 섭리요
하늘의 뜻으로 점지된 이 생명
그대를 위한 삶
그대를 향한 온갖 정성과 열정의 삶이
나의 임무가 아닐까

아버님

피눈물의 메아리에도
대답 없는
아버님

고향 마을에도
옥녀포금봉(玉女抱琴峰)에도
이승의 어느 곳에도

당신을 뵐 수 없음에
가슴 아파 눈물짓는 세월들
한 점의 티끌도 허락지 않는
지순지백의 혼령이여

가슴속 깊이 간직한
그리움의 화신
청자빛 가을 하늘에 비치는
나의 번뇌, 나의 눈물

술(酒)과 시(詩)

인성을 다스림이
지성이라면
감성을 다스림이 술이 아닐까

한 잔 술에
마음의 안식과 정을 준다면
두 잔 술엔
가슴 뜨거운 혈기로 사랑을 주고
세 잔 술은
시향에 들떠 천길 구름을 낚는다

아! 이 기분
이 절묘한 사색의 꽃
이제 더 마셔 무엇하리

그래도 아쉬워
오작교 직녀 찾아
마지막 잔에 불 살으리

정지된 삶

하루가 일 년 같고
일 년이 하루 같더니만
팔십 고개 넘기니
현기증에 몸살을 앓는다

지축의 기울기가
자전과 공전으로 돌더니 만
나의 하루와 일 년은 가을비처럼 오락가락
어제가 오늘이고 오늘이 내일인지
맷돌머리로 돌고 돈다

낮 보다는 밤이
하루 보다는 한 해가
계절 보다는 인생이
더 빨리 블랙홀로 빠져들고 있다

아, 덧없는 인생길
하루가 일 년처럼
계절이 인생처럼
쉬엄쉬엄 멈춰선 삶이 되고 싶다

흔들리지 않는 세상

오늘은 무슨 햇살이 쏟아질까
오늘은 무슨 바람이 불어올까
물결과의 대화 속에
오늘은 또 우리를 어떻게 바꾸어 놓을까

넓은 세상이어서 일까
너무도 좁은 세상이어서 일까

한 지붕 아래 함께하는 세월임에도
극에서 극으로만 달려가는
경험해 보지 못한 세상
예측 불가한 꿈을 꾸는 삶이어서 일까

이 가을, 이 겨울이 지나
새 봄이 오면 돌아갈 수 있으려나
그 세월 그 시간의 영광(榮光)을 되찾을 수 있으려나

가야한다, 가야만 한다
우리 모두의 광명(光明)을 위하여

만애(晩愛)

심장의 깊이를 몰랐기에
마음을 비웠으며
떠난 후 괴로움을 알았기에
담아 두질 못 했습니다

운명이란 걸 몰랐기에
그저 스치고 지났으며
영원이란 걸 몰랐기에
접고 살았습니다

허나, 이제는 알았기에
그대를 찾으렵니다
꿈에라도 그리움 안고서
달려가렵니다

설원(雪原)의 동한(冬寒)이 오기 전에
마음의 문 활짝 열고
따스한 그대의 품속에서
그리움 안고 영원한 꿈을 가꾸렵니다

불사조

무더위에 찌든 밤
유성으로 쏟아지던 하늘을
나르고 있었다

기수를 돌리는 순간
피맺힌 절규가 귀청을 때리며
불구덩을 향해 전광석처럼 빨려 들어가고 있었다

앗!
생사의 갈림에 선
하늘의 사나이는
온 몸이 굳어 미라가 되어 있었다

북극성이 방향타를 켜
꿈속을 빠져나온 듯 혼미한 정신에도
무사안일을 빌고 빌어 건 만

끝내 용기와 지혜의 사나이는
별을 향해
우리의 곁을 떠났다

슬픔과 통곡의 조기(弔旗)가 지상을 덮고
검은 하늘엔 원한의 눈물이 폭포수로 쏟아지던 날
동료(同僚)의 가시는 길에 꽃길을 놓고 있다

절제와 간결의 미학

귀뚜라미는 울기 위해
날개를 접고 펴지 않으나
잠자리는 날기 위해
날개를 펴고 접지 않네

절제하는 삶은 즐겁고
간결한 삶은 아름답듯이
비운 자리는 화평하고
언제나 여유로움이 풍겨난다네

독도

굽이쳐 흐르는 동해엔
한반도의 역사가 살아 쉼 쉬지
어언 반만년의 유구한 세월

울고 웃는 애환 속에
장엄하게 지켜온
민족의 자존 조국의 화신이여

예나 다름없는
그 모습 그대로 인데
시비 걸 자 누구이며 망발이 웬 말인가

붉게 떠오른 태양처럼
약동하는 반도의 정기(精氣) 곧게 세워
자손만대 이어지는 깃발을 펄럭여라

명영남

낙엽에 띄운 연서

앞뜰에 나뒹구는 낙엽에
햇살이 곱게도 익어가는 순간
옛 생각에 잠겨 청춘을 돌아본다

그 시절엔
곱게 물든 낙엽 주워 책갈피에 꽂고
공간마다 연서를 띄워 내 임께 보냈건만

세월 지난 노 청춘의 가슴엔
낭만도 추억도 쓸쓸함으로만 남아
마지막 잎 새만 바라보며 생을 음미하고 있다

아직도 생생한 그 날의 추억들 인데
세월의 여백은 마음 따로 몸 따로
가슴까지도 비워야만 하는 걸까

벗에게

우연히 인연되어 만나
우리들의 젊은 날
종달새처럼 지저귀며
꿈을 키워왔던 한 많은 시간 속에
인연이 필연 되어 한 몸이 되었었지

푸르른 청춘에 하늘을 날고
뜨거운 열정에 사막을 건너
우정의 힘으로 에베레스트 산맥을 넘고 넘어
맺어진 벗이란 이름

자랑스럽지 아니한가
너와 난
언제나 하나이고 둘 이듯
둘이고 또 하나인
영육(靈肉)의 사나이가 아니었던가

생을 바친 우리들의 우정과 사랑
불사조의 혼령으로
영원토록 가꾸자던 굳은 맹세의 언약
이승을 넘어 저승에서도 길이 이어지길

입동(立冬)에 띄운 엽서

앞뜰에 서성이는 낙엽들
바람의 빛으로 유랑하는
연서(戀書)가 되어 날고 있다

무자비한 코로나로 시달려 온
뭇 인간들
한 장 남은 달력에 기대인지 원망인지
가슴에 불을 붙이고 있다

늦은 밤 아내의 마른기침 너머로
밤은 깊어지고
머지 않는 날
눈꽃이 함박웃음을 짓고 내려오겠지

그 속에 실려 온
갈 엽서가 입동의 창을 열고
내 가슴을 물들게 한다

도산 정신이 영혼에 날개 달다
― 도산(島山) 안창호(安昌浩)(1878.11.9~1938.3.10)

나이가 들면 사람이 보수적(保守的) 성격으로 변화가 된 것이 이런 이유에서 였는가 보다. 또한 세월이 흐를수록 이동(移動)하는 것, 여행하는 것을 좋아하지 않게 되었다.

오히려 편한 것 익숙한 것 안전한 것을 선호하다 보니 자기자존(自己存在)의 탈영토화(脫領土化)를 추구하지 못하게 되었다. 구름에 달 가듯이 어디에도 얽매지 않고 자유로운 존재가 되는 길을 외면하게 되었다.

코로나 19가 3년 가까이 지구촌에 크게 확산되면서 우리 인류의 생명을 위협하고 인간의 사회 경제 문화와 안보 등 전 분야에 심각한 문제를 야기하고 있다. 전 세계적 코로나 팬데믹이 강요한 이러한 폐쇄적 생활을 시대적 상황으로 수용하고 기쁘게 적응할 수밖에 없었다.

이번에 미국을 3주간 방문하고 여행할 일이 생겼으나 그곳으로 흐르는 무지갯빛 비행운(飛行雲)이 부드럽지 않아 마음이 썩 내키지 않았다. 설상가상으로 내가 미국을 방문(訪問)할 때마다 전 세계적으로 커다란 격동(激動)과 큰 변혁의 회오리바람이 불었기 때문이었다. 어떤 바람이 불어 올가 기대를 하면서도 한편으로는 변혁의 소용돌이에서 살아남을지 걱정이 되었기 때문이다.

처음 방문은 1960년대 말 당시 세계에서 가장 큰 장거리 비행 여객기인 보잉 707기(탑승인원; 250명)를 타고 일본하네다 공항을 거쳐 Seattle을 통하여 미국대륙에 들어갔다. 미국은 아폴로11호를 발사하는데 성공 하였고 1969년 7월 20일 오후 10시 56분 20초, 인류최초로 달(달표면의 고요 바다)에 착륙했다.

"이것은 한 사람에게는 작은 일보일 뿐이지만, 인류에게는 위대한 도약이다."

닐 암스트롱이 달에 발을 내디디면서 전 인류에게 새로운 시대, 새로운 희망이 열림을 선포했다. 1970년 초 군사원조계획의 일환으로 미국 산안토니오 근처의 미공군기지에서 계기비행 교관교육을 받았다.

당시 창공에 대한 무한한 애정과 집념으로 하늘을 날면서 달과 은하수 저 넘어 우주개발과 개척에 대하여 큰 관심을 가지고 배움의 길과 탐험을 모색하기도 했다. 엽서 크기의 달 착륙 입체형 사진을 몸에 품고 다니면서 꿈을 키우고 주마가편(走馬加鞭)의 자세로 마음을 더욱 채찍질 했다. 무심한 세월이 젊은 날의 한때, 남가일몽(南柯一夢)이라고 꾸짖기 전까지는 하마터면 푸른 바다 속의 큰 고래를 이 작은 손으로 잡으려 헛수고 하면서 인생을 낭비할 번했다.

두 번째 방문은 1980년대 말 미국의 자존심 이였던 점보여객기, 보잉 747기(탑승인원; 350명)를 탑승하고 뉴욕 존 F.Kennedy 공항을 통하여 미국대륙에 입국했다.

스푸트니크 충격에서 자존심을 회복한 미국은 우주방위체제구상(SDI)과 재정적 압박 전략으로 구소련을 강박하면서 밀어 붙였다. 동구권 공산국가들이 대거 탈퇴하고 종주국 소련의 몰락은 소련 중심의 세계 공산주의 체제 붕괴로 이어졌다. 독일은 동서독

통일의 행운을 얻었으나 한국은 6.29선언으로 대통령 직선제와 민주화 체제로 진입하는 호기를 맞기도 하였다.

　이번에 내 조국 한국에서 비관적이고 서글픈 소식이 들리고 있었다. 우리의 정치 경제 안보와 사회 등 모든 곳에 부정과 부패, 부조리가 넘치고 만연하고 있었다. 우리가 사는 집이 썩어 가면서 초가집이 무너지고 모든 것이 붕괴하는 징후를 알리는 소리가 들리고 있었다.

　"세계인이 보는 미스터리 한국과 한국인"을 읽게 되었다. 이 기사는 보면 볼수록, 읽으면 읽을수록, 생각하면 할수록, 마음이 아프고 쓰라렸다. 그 이후 언제부턴가 생불여사(生不如死)의 삶이 계속되고 있다. 온 국민이 현실을 직시하고 환골탈퇴(換骨脫退)의 결단과 각오로 우리 국가와 민족의 부패, 썩은 살과 환부를 칼로 과감히 도려내야 한다는 생각에 사로잡혔다.

　세 번째 방문은 21세기 초 유럽 연합의 야심작(野心作), 최상 최고 최대의 항공기인 에어버스 380 여객기(탑승인원; 495명)를 탑승 하고 L.A.를 통해 방문했다. 미국의 에너지 혁명(오일 셀의 대량생산)으로 세계유류가격이 거의 절반으로 하락할 것이 전망됐다.

　인류는 미국경제가 회복하여 세계경제가 기지개를 켜리라는 희망에 차 있었다. 다시 미국의 시대가 도래 하리라 조심스러운 예측을 하는 전문가도 많았다. 이번 여행을 통해서 얻은 인생의 가장 큰 수확은 도산 안창호선생을 알게 된 것과 그의 정신과 사상을 접하게 된 것이었습니다.

　도산의 말은 우리가 살아가는데 활명수와 같이 중요한 생명의 양식이다. 그의 어록이 우리의 정신과 몸이 되고 우리의 뼈와 살과 피가 되도록 분투노력할 필요가 있다. 우리 모두 읽고 또 읽으며, 생각을 거듭하고 반추(反芻)를 반복하면서 그 뜻과 의미를 알도록 노력해야겠다. 우리는 아는 것으로 끝나서는 안 된다. 앎 이상으로 더 중요한 것은 실천과 행동이 뒤 따라야겠다. 나 혼자의 실천보다는 우리전체의 실천이 더 값지고 중요하다. 나와 우리사회의 실천과 행동화에서 국민과 민족의 단계로 그 외연(外延)을 확대발전시키는 것이 중차대한 과제이며 운명이다.

"큰 일 이건 작은 일이건 내가 하는 일에 정성껏 하여라!"

"농담(弄談)으로 라도 거짓말을 하지마라. 꿈속에서 라도 성실(誠實)을 잃었거든 뼈저리게 뉘우쳐라. 죽더라도 거짓이 있어서는 안 된다."

"흔히 사람들은 기회(機會)를 기다리고 있지만, 기회는 기다리는 사람에게 잡히지 않는 법이다. 우리는 기회를 기다리는 사람이 되기 전에 기회를 얻을 수 있는 실력(實力)을 갖추어야 한다. 일에 더 열중(熱中)하는 사람이 되어야한다."

"청년(靑年)이 다짐해야 할 두 가지 과제(課題)가 있다. 첫째 속이지 말자. 둘째 놀지 말자."

"낙망(落望)은 청년(靑年)의 죽음이요, 청년이 죽으면 민족(民族)이 죽는다."

"진실은 반드시 따르는 자가 있고 정의는 반드시 이루는 날이 있다."

"성격이 모두 나와 같아지기를 바라지 말라. 매끈한 돌이나 거친돌이나 다 제각기 쓸모가 있는 법이다. 남의 성격이 내 성격과 같아지기를 바라는 것은 어리석은 생각이다."

"모든 일은 참되고 실속 있도록 애써 실행하라."

"아름다운 이성(異姓)을 보는 것은 즐거운 일이다. 그 얼굴을 보고 싶거든 정면으로 당당하게 보고, 옆에서 엿보지 마라."

"자기의 몸과 집을 자신이 다스리지 않으면 대신 다스려줄 사람이 없듯이 자기의 국가(國家)와 민족(民族)을 자신이 구하지 않으면 구해줄 사람이 없다는 것을 아는 것이 책임감(責任感)이요 주인관념(主人觀念)이다."

"책임 있는 곳에 주인이 있다."

"견고한 기초위에 좋은 건설이 있고 튼튼한 뿌리위에 좋은 꽃과 열매가 있다."

"왜 우리사회는 이렇게 차오? 훈훈한 기운이 없소? 서로 사랑하는 마음으로 빙그레 웃는 세상을 만들어야겠소. 갓 난 아이의 빙그레, 늙은이의 빙그레, 젊은이의 빙그레, 저마다 서로 웃도록 전국에 미소운동(微笑運動)을 일으키자."

"우리가 세운 목적이 그른 것이면 어제든지 실패 할 것이오. 우리가 세운목적이 옳은 것이면 언제든지 성공 할 것이다."

"그대가 나라를 사랑 하는가? 그렇다면 먼저 그대가 건전(健全)한 인격자(人格者)가 되라. 우리 가운데 인물(人物)이 없다고 한탄하는 것은 인물이 되려고 마음먹고 노력(努力)하는 사람이 없기 때문이다. 인물(人物)이 없다고 한탄(恨歎)하는 그 사람이 인물 될 공부(工夫)를 하지 않는가?"

"나는 밥을 먹어도 대한(大韓)의 독립(獨立)을 위해, 잠을 자도 대한의 독립을 위해 해왔다. 이것은 내 목숨이 없어 질 때까지 변함이 없을 것이다."

"진정한 애국심은 그 말 보다 실천에 있음을 알아야 한다."

"나는 일본(日本)의 실력(實力)을 잘 안다. 지금 아시아에서 가장 강한 무력(武力)을 가진 나라다. 나는 일본이 무력만한 도덕력(道德力)을 겸하여 갖기를 동양(東洋)의 명예(名譽)를 위하여 원한다. 나는 진정으로 일본이 망(亡)하기를 원치 않고 좋은 나라가 되기를 원한다. 이웃인 대한민국(大韓民國)을 유린(蹂躪)하는 것은 결코 일본의 이익(利益)이 아니 될 것이다. 한(恨)을 품은 2천만을 억지로 국민 중에 포함시키는 것보다 우정(友情)있는 2천만萬을 이웃국민으로 두는 것이 일본의 득(得)일 것이다. 내가 대한의 독립(獨立)을 주장(主張)하는 것은 동양(東洋)의 평화와 일본의 복리(福利)까지도 위하는 것이다."

도산 정신으로 우리 민족과 국민을 깨우치고 계몽하고 각성케 하며, 교육을 실천하는 것이었다. 우리 다 같이 양질국민 명품국민, 모범국민이 되도록 노력하고 또 노력하길 바란다.

우리는 빛나는 역사와 전통, 찬란한 문화를 창조한 우수한 민족으로 총명한 두뇌를 소유하고 있다. 대학진학률이 세계최고를 유지하고 있다. 세계최고를 지향하는 꿈과 비전과 열정이 있다. 탁월한 유목민정신으로 세계 최선진 강국으로 발전 할 수 있는 능력과 힘을 하느님은 우리에게 주고 있다.

이미 세계의 미래 예언가 들이 말한 것처럼 우리가 일등 모범국민으로 평화적 통일을 달성하면 몇 년 내에 세계 선진부강 문화국가로 발전할 것이라는 부러운 기대를 받고 있다.

나는 미국 로스앤젤레스에 체류하면서 그분에 대하여 많은 것을 듣고 보고 배우며 그의 진면목(眞面目)을 알게 되었다.

이곳에 있는 내 가족(家族)과 같이 가서 동상(銅像)에 참배(參拜)하고 그분의 이상과 사상을 전해주어 감명을 받고 생활에 큰 변화를 주고 싶었다. 금상첨화 격으로 도산의 훌륭한 정신과 발자취를 발견할 일을 상상(想像)하니 벅찬 감격(感激)으로 가슴이 높은 파도처럼 간헐온천의 분수처럼 하늘 높이 솟구쳤습니다. 도산의 정신과 사상에 마음속 깊이 심취하였다.

나는 어찌나 기쁘고 즐거운지 밥 먹는 것, 근심 걱정하는 것을 잊고, 늙는 것조차 모를 경지(發憤忘食 樂而忘憂 不知老之)에 돌입(突入) 했다. 애석하게도, 세 가지 사유로 동상(銅像)참배를 하지 못하여 답답한 마음 오랫동안 삼제(芟除)하기 어려웠다.

그중 가장 큰 이유(理由)는 리버사이드지역은 치안(治安)이 불안(不安)하여 총격전(銃擊戰)이 자주 일어난다는 것이다.

미국 선교사들은 우리를 가르치고 선교하기 위해 한국까지 지구를 두 바퀴를 도는 머나 먼 8만리 바다 길을 배를 타고 건너왔고, 도산은 16세의 어린나이에 배우기 위해 평양에서 서울까지 8백리 길을 걸어서 왔었다.

나는 도산 안창호 선생을 찾아 가는데 지척 길 2백리를 가지 못한 아쉬움이 무척 크다. 민족의 태양, 도산 안창호 선생은 83년 전에 돌아가셨다. 나는 그 일 년 후 하늘에 대한 커다란 꿈과 그리움을 안고서 태어났다. 그는 내 가슴속 깊이, 꺼지지 않는 횃불이 되어 민족의 등불로 영원히 숨 쉬며 살아계신다.

도산을 훌륭한 선각자로 민족의 위대한 스승으로 모시고 그의 혼이 담긴 말씀을 반추(反芻)하면서 우리 국가, 민족의 새 역사를 줄기찬 노력으로 빛나게 창조해 가길 바란다.

"먼데서 바람불어와 풍경소리 들리면 보고 싶은 내 마음이 찾아간 줄 알아라."

도산 안창호 선생이 더 그리워, 세월은 화살처럼 흐르고 있다.

기러기 인생론

　인간의 삶이란 자신의 인생에 대한 좌표가 있어야 한다. 내가 지금 어디로 가고 있으며, 어디에 서 있는지, 또한 어느 곳에 종착역이 이루어질 것 인지를 생각하는 일이다. 뿐만 아니라 자신의 삶을 어떻게 살아야 아름다운 생을 장식할 수 있는지… 이러한 생각을 가끔씩이나마 떠올린다는 것이 바로 삶의 철학이라 할 수 있다.
　철학이란, 그렇게 까다로운 것이 아니며 자기 인생을 사랑하는 것이 곧 심오한 철학이다. 이러한 철학이 없으면 마음과 몸은 쉽게 병들어 버린다. 먹기 위해서만 사는 인생이 아닌 보람된 삶을 모색하기 위한 용기 있는 자기희생 아래 자질구레한 일상생활을 초월하여 본질적인 삶의 방법에 접근해야 한다. 의식주를 해결하는 일은 최소한의 노동으로 그치고 나머지의 시간과 노력은 정신생활의 윤택을 도모하는 데에 바치는 것이 가장 바람직하다.
　따라서 쇼펜하우어는 다음과 같은 말을 하였다.
　"정신적인 욕구를 갖지 않은 인간은 속물이다. 속물은 자기의 한가한 때를 어떻게 해야 할지를 모른다. 그러다 보면 천벌과 같은 권태에 정복당하고 만다."
　살아가는 데에 아무 흥미를 갖지 못하면 삶의 권태를 초래한다. 이 권태는 삶에 대한 철학이 없을 때에 일어난다. 그리하여 자기 생애에 대한 정열이 차갑게 식어갈 때, 세상의 모든 것에 대한 매력도 역시 사라져 간다.

인생은 확실히 의미를 가지고 있으며 그 의미를 찾아내는 것이야말로 즐거움이요, 기쁨이다.

삶을 불태우는 과정에서는 창조적인 것이 가장 으뜸이다. 창조적인 일의 욕심에서 걱정거리는 묻혀버리고, 창조정신에서 기쁨이 샘솟으며, 자부심에서 생동감이 생긴다. 그리고 인생의 진리를 깨달아 희열을 맛본다. 그러할 때 비로써 건강한 생활이 유지된다.

앞날에 빛이 없으면 넋두리만 하다가 죽는다. 이것은 자기 영혼이 썩어 들어가기 때문이다. 이상이 있는 곳에 희망이 춤추는 것이다. 정상적으로 일어나는 것을 근심하는 것은 부정적인 사고이며 이 부정적인 사고는 병이 된다.

그러므로 휴식은 노동하고 창조하는 과정보다 더 중요한 시간이다. 이때 지금까지 평생 하잘것없는 노역에 지쳐 있지 않았는가 하는 것도 성찰해야 한다. 우리의 인생은 사소한 일로 낭비되고 있다. 자기의 일을 두 가지나 세 가지로 줄일 일이지, 백 가지나 천 가지로 늘어놓지 말라. 백만의 수를 헤아리는 대신에 그 절반을 헤아리고 계산은 엄지손가락의 손톱에 적어라.

우리는 왜 그렇게도 인생을 쫓기듯 낭비해가며 살아야 하는 것인가? 우리는 배가 고프기도 전에 굶주려 죽을 것을 생각한다. 사람들은 내일의 아홉 구멍을 미리 막기 위해서 오늘 천 군데를 꿰맨다. 일, 일… 하지만 우리는 이렇다 할 중요한 일 한 가지라도 하고 있지 않다(H.D. 소로우).

'한적한 생활의 낭만에 대한 예찬은 마음의 평화, 무애무우(無碍無憂)의 심경, 자연생활을 마음껏 열렬히 즐기는 것 등과 언제나 밀접한 관계를 가지고 있다. 한적함을 즐기는 데에 돈은 필요치 않다. 한적한 생활(휴식)의 참된 즐거움은 부유층의 독점물이 아니다. 그것은 부귀를 냉소하는 사람들에게서만 찾아볼 수 있는 즐거움이다. 이것은 소박한 생활을 사랑하고 돈 버는 일에 어느 정도 염증이 난 사람들의 마음의 함축에서 오는 것이어야만 한다.

생활을 즐기려고 결심한 사람에게는 즐길 수 있는 생활이 사계절을 통하여 어디서든 이를 찾을 수 있다. 만일 이 지상의 생활을 즐길 수 없다면 그것은 인생을 충분히 사랑하고 있지 않기 때문이다. 라고 임어당은 말한바 있다.

그리하여 남의 영혼을 흔드는 언행을 배우고, 항상 아름다운 미소를 짓는 생애를 터득하며, 진리를 만나면 그 진리를 먹을 줄 아는 사람이 되어야 한다. 재물을 손아귀에 꽉 쥐고 있는 사람들처럼, 진리를 마음으로 꽉 붙잡고 있는 사람이어야 한다.

사람이 사는 도리가 무엇인가를 깨달으며 불의와 죄를 피할 줄 안다면 바로 진리를 먹고 사는 사람이 창조의 기쁨을 누리는 데는 돈이 문제가 아닌 것이다. 기쁜 생활은 창조정신 속에 반드시 이상이 담겨 있어야 한다. 이 이상에 따라서 소망을 가질 때 신바람 나는 생활이 일어난다. 앞날에 꿈, 빛이 없으면 넋두리만 하다가 죽는다. 이것은 자기 영혼이 썩어 들어가기 때문이다. 이상이 있는 곳에 희망이 춤추는 것이다.

줄탁동시[啐啄同時]의 삶

　인간은 사회적 동물이라고 한다. 이는 혼자서는 세상을 살아갈 수 없기 때문에 붙여진 이름이다. 사람은 우주 속에 존재하는 수 많은 행성들처럼 서로 끌고 잡아당기면서 상호작용을 하면서 살아가고 있다. 따라서 지구상에 존재하는 생물은 줄탁동시의 삶을 유지하고 있는 것이다. 너와 나 우리가 존재해야 내가 이 자리에 생존할 수 있는 것이다.
　그리하여 너와 나, 안과 밖이 동시에 힘을 기울여 만들어 내는 성과를 줄탁동시[啐啄同時]라 한다. 어미닭이 정성껏 품은 알은 20일쯤 되면 알속에서 자란 병아리가 '삐약 삐약' 탁 소리와 함께 밖으로 나오려는 신호를 한다. 병아리는 알 속에서 나름대로 공략 부위를 정해 쪼기 시작하나 힘이 부친다. 이때 귀를 세우고 그 소리를 기다려온 어미닭은 그 부위를 밖에서 쪼아 준다.
　그때 비로소 병아리가 세상 밖으로 쉽게 나오게 된다. 병아리가 안에서 쭉쭉 빠는 것을 [줄]이라 하고 어미 닭이 그 소리를 듣고 화답(和答)하는 행위로 밖에서 쪼아 주는 것을 [탁]이라 한다. 쭉쭉 빨 줄(啐), 쪼을 탁(啄) 하나는 미성숙자가 스스로 자기 동기유발에 의해 행하는 행동이나 도움을 요청하는 뜻이 포함되고, 다른 하나는 성숙자가 도와주는 행동의 뜻이 포함된다.
　교수원리가 바로 [줄탁동시] 상황이어야 학습의 효과나 전이가 최대화 된다는 원리가 담겨있다. 이 일이 동시에 발생하는 것이 [줄탁동시]이다. [줄탁동시는 세상을 살아가는데 꼭 필요한 가르침

이자 매력적인 이치이다.

행복한 가정은 부부(夫婦)가 [줄탁동시] 할 때 화평이 이루어진다. "응"과 "몸"* 두 사람이 공명하고 용광로에서 같이 녹아 동화할 때 새 생명을 잉태하여 건강한 사회와 국가를 이룰 수 있는 것이다. 훌륭한 인재는 사제(師弟)가 [줄탁동시] 할 때 탄생하며, 세계적인 기업은 노사(勞使)가 [줄탁동시] 할 때 가능한 것이다.

* "응"과 "몸"에는 모두 "너의 상위"와 "나의 하위"가 존재한다.

또한 국가의 번영이나 남북관계 그리고 국제 관계에도 [줄탁동시]의 이치를 공유하고 함께 노력할 때 성공과 발전이라는 열매가 열리는 것이다. 하지만 [줄탁동시]를 이루어 내기 위해서는 알고 지켜야 할 조건이 있다.

첫 번째는 「내가 먼저 변화하기」이다.

상대로부터 화답이라는 선물을 받으려면 고뇌와 헌신이 듬뿍 담긴 변화와 혁신을 통해 기뻐할 일을 내가 먼저 만들어 내야 한다. 가정이라면 배우자가 기뻐할 일을 준비하여야 하고, 기업이라면 새로운 혁신가치를 먼저 만들어 내야 시장의 열광이 따르는 것이다.

두 번째는 「경청」이다.

남의 말을 진지한 자세로 들을 줄 알아야 한다. 남의 말을 경청하지 않는 것은 받은 선물을 아무렇게나 뜯어 던져두는 것과 같다. 그런 사람에게 누가 다시 선물을 주겠는가? 아무리 작은 소리도 들을 줄 알아야한다. 듣고서 알아차리고 즉시 행동에 옮길 수 있어야한다.

세 번째는 「타이밍」이다.

아무리 좋은 변화와 혁신이라도 상대방이 갈망하고 있는 때를 잘 맞추어야 한다. 타이밍을 맞추지 못하면 일은 낭패를 본다. 기업 역시 마찬가지다. 새로운 고객 가치에 소비자들이 목말라할 때, 혁신을 통해 제품과 서비스를 제공해야 시장과 고객이 보내오는 열광과 감동의 화답을 받을 것이다. 줄탁동시[啐啄同時]의 묘는 기다림에 있다. 안과 밖, 명과 암, 나와 너….

이 두 가지가 만나 새로운 열정과 에너지를 빛과 새로움을 창조하는 원리이다.

세상사는 법을 더 생각하고 반추(反芻)해야 하겠다.

위대한 사람은 줄탁동시(啐啄同時)를 창조해 나가고

범상한 사람은 줄탁동시(啐啄同時)를 보고 움직이고

우둔한 사람은 줄탁동시가 오 간 것을 몰라 때를 놓친다.

성 금 희

서울시 서초구 태봉로2길 60(네이처힐) 311-703
TEL ; 010-9397-3980

풍속

고향 찾은 명절 길엔
각자의 고유한 풍습이 있다

종손 집엔 빼곡히 찾아든
제비들의 조잘대는 속삭임과
새벽에서 밤을 잇는
종부들의 노고가 깊은 숨을 쉬고 있다

제(祭)를 올리는 차례 상엔
자손들의 정성과 우애와 화목이
둥근 달 덩이로 반짝이고 있다

활짝 피어난 행복도 잠시
주저리 주저리 감싸든 정들을 뒤로한 채
또 다른 삶의 터전 움켜져야 하는
저 애련한 행렬들

아버지

둥지 안의 제비새끼
먹이 잡아 주던 어미처럼
하나에서 열까지 익혀주던 아버지

글공부에 혼 줄나고
말 안 듣고 달아나던 날
배워야 커진다는 가르침 주신 산 같은 은혜

석굴암 부처상이
아버지 닮았다는 어린 기억에
울컥 다가와지는 그 숱한 생각들

부전자전(父傳子傳) 모전유전(母傳遺傳)이듯
어버이 닮은 생의 습관들
오늘도 흥에 겨워 손놀림하는 악기 소리

만리포의 밤

고요의 바다에
응어리진 슬픔 한 조각 내려놓으니
밀물되어 쏟아지는 눈물자국들

흔들리는 마음인가
비우려는 미련인가
밀려드는 그리움만 가슴을 친다

정적(靜寂)을 뚫는 침묵의 언어가
등대 넘어 사랑으로 익어갈 즈음
점점이 타들어간 새빨간 가슴
달빛에 젖은 모래사장에
속내를 드러내는
나그네 마음

오카리나의 꿈

장난감인지 악기인지
열대야를 타고 내려온 청아한 울림

높낮음의 음역 대를 넘나들며
기쁨도 슬픔도
사랑도 이별도
감성의 하모니를 자아낸
주머니 속의 보물 상자

신호음인지 멜로디인지
원시에서 현대에 이르는
정교함을 자랑한 영혼의 울림소리

어쩌면
내 영혼의 소리였으면

산에는

나목으로 쌓인 민둥산에
하얀 눈발이 쌓인 얼굴로 서서
내개로 오라 속삭인다

저마다의 푸르른 옷을 갈아입고
꽃피워 열매 맺어 시샘 부리던 숲길에
보석 같이 빛나던
켜켜이 쌓였던 추억들이 아른 거린다

높고 낮은 산 분간치 않고
한라에서 히말라야까지
떠돌던 아린 발자취들
산사람만의 특권이며 바램 이었다

한 해의 마지막 순간에
날 유혹하는
저 능선의 하얀 선율들

가을 숲

푸르름이 만삭된 산야가
어느덧
형형색색의 옷을 갈아입고
축제를 열려나 보다

풀벌레들의 나지막한 화음에
다람쥐와 청설모는 술래잡기가 한창이고
갈바람에 울어대는 억새들은
너울너울 휘모리 춤에 취해있다

갈빛의 노을이 타들어갈 즈음
한 잎 두 잎 떨어지는 낙엽 길엔
젊음도 노년도 하나가되어 불타고
휑한 가슴앓이는 불꽃으로 타들어가고 있다

둘레길에서

계절의 꽃이 필적마다
양재천 둘레길엔
그리움도 슬픔도 어울려지는 길

졸졸졸 흐르는 냇가엔
피라미며 잉어가 노닐고
철새들의 낙원이 되어있는 길

청춘도 노년도
아기들까지도 어울려
구르며 뒤엉킨 삶의 터전인 길

철따라 피고 지는
사색의 공간이 되어준
저 벤치위의 낭만들
서초의 꽃이고 서울의 향기다

산길

산길 오르다
아득히 내려다보인 흔적들

연기처럼 몰아치는 먼지 속에
허둥대며 쫓아가던 등산길이며
달빛 이고 걷던 그 임과의 추억들

지게길 과거길
가마길 상여길
인생의 애환 길이였던 그 길이
이리도 넓어졌나

변천된 세상 이리 좋아
하늘을 날고 바다를 날아
생존의 현장엔 현기증마저 일고 있다

숲속 풍경

인연이 뭔지
두 몸이 하나 되어
다른 삶을 살아온 연리지(連理枝)

잎이며 열매며 색상마저 다른
이국의 변종이
앙상한 뿌리를 드러낸 채
패이고 꺾이면서 견뎌온 삶

아량인지 사랑인지
둥지를 넘나드는 맵새들의 천국이 되어
세세연연 이어진 자연의 섭리

계절을 따라 함께한
저 광활한 의지의 삶들
철새도 맵새도 바람 따라 하늘을 날며
공생하는 저 의지의 삶들

자전거

자전거 행렬이 달린다
멀리서 가까이서 술래잡기를 하듯
밀고 당기며 페달을 밟는다

아이에서 어른까지
약자에서 강자까지
구르고 돌리며 바람의 꽃 춤을 즐긴다

때로는 오르막 길
때로는 내리막 길
다람쥐 쳇바퀴 돌 듯
땀으로 얼룩진 세상을 달리고 있다

어쩌면
삶이란
돌고 도는 원형의 영혼인지
굴렁쇠 인생인지

시골의 맛

　도시에 살면서 시골 생활의 경험이 많다는 건 참 행운이다.
　올려다보기에도 버거운 아름드리 큰 키 나무에서부터 잘 찾아봐야 겨우 보이는 꼬물꼬물한 미물들까지 신비로운 생태계가 연출되는 곳 시골. 언제 들어도, 불러 봐도 다정한 이름이다.
　아파트 문화와 게임에 흠뻑 젖은 요즘 아이들의 빈약한 정서는 자연과의 교감이 일천한 까닭도 커서 안타깝기만 하다. 큰집, 외갓집, 고모집이 시골이라서 명절이나 방학 때면 우리들은 으레 큰집으로 가는 게 일상이었다.
　지금이야 모두 어엿한 광역시를 차지하고 있지만 그때는 하루 몇 번씩 먼지 휘날리는 시골길을 달리는 버스를 시간 맞춰 타야만 갈 수 있는 곳, 바로 나의 시골이다.
　버스에서 내려 타박타박 걷노라면 마을의 수호신 당나무가 보인다. 그 아래 넓은 마당은 땅따먹기, 술래잡기하기 좋은 우리들의 놀이터였지만 사실은 할아버지 아저씨들의 장기와 바둑을 두는 선계였다. 아래로는 시원한 냇물이 흐르는 별천지였다. 또한 우릴 반겨주시고 불러 세워 용돈 주시던 큰아버지와의 정겨운 장소이기도 하다.
　철마다 다른 싱그러운 들판을 느끼며 동네 어귀를 지나 막바지 길을 죽 오르면 골목에 지천으로 떨어진 오디며 홍시들도 계절에 맞춰준다. 추자(호두)를 따 물 흐르는 청석에 대고 쓱쓱 문지르면 손에 온통 녹색물이 들어도 마냥 신이 났다. 애쓴 끝에 먹던 그

호두 맛이란 지금과는 비교불가였다. 또 이런 일도 있었다. 동네 아이들이 지게 지고, 소를 몰고 산으로 가는데 멋모르고 따라갔다가 풀을 맛있게 먹고 있는 소를 귀찮게 했던지 소한테 살짝 밟혀서 난리가 났던 기억. 겨울이면 오빠들이 썰매 끌어주던 논이며 마을의 정겨운 돌담들이 그립다. 그러나 밤이면 시커먼 산 그림자가 너무도 무서워 엄마 생각, 집 생각에 자는 사촌동생을 깨우곤 했다.

대문을 지나면 늠름한 사랑채와 칸마다 숫자가 쓰인 나락 곳간, 널찍한 음식 저장고인 광이 있고 마당을 지나 댓돌 위에 덩그러니 안채가 대청마루를 사이에 두고 방들을 내고 있다. 뒤켠에는 아래에 방공호를 품은 대밭이 넓어 윙윙 무서운 소리를 내곤했다. 그 언덕에는 과일 나무들이 줄지어 서있어 각가지 먹거리가 달렸다.

삽작 옆에는 시원한 우물을 갖춘 채마 밭이 자리해서 늘 풍성한 푸성귀며 열매들로 넉넉한 품을 자랑했다. 이렇게 따기만 하면 먹을 걸 우리는 왜 돈을 주고 사먹을까 도시와 시골의 차이가 왜 생기나? 나름 고민도 해보고.

안방에는 인자하지만 단호한 할머니가 계셨다. 밥알을 흘리면 농사의 어려움을 일러주시며 한 톨이라도 주워 담아 주셨다. 난 그게 무지 싫어서 빨리 집으로 가고 싶고 도시에 있는 친구들 생각이 나기도 했다.

그래도 집과는 달리 시내에서 멱감기, 방아깨비를 잡아서 다리를 끄덕대는 놈의 방아찧기 놀이는 무척 흥미로웠다. 가을이면 익어가는 벼포기에 잔뜩 붙은 메뚜기를 쫓아다니며 후두둑 달아나는 녀석들을 잡아 병에 넣으면 톡톡 튀던 정겨운 소리. 때로는 나락에 등을 꿰어 구워먹던 그 고소함이라니...

어느 날 장난꾸러기 사촌 오빠는 내게 읽어 보라며 "天이 報之 하고" 라며 달아났다. 나쁜 놈 하면서 쫓아가면 계속 주절대며 도망을 갔다.

아뿔싸 "子曰 爲善者는 天報之以福하고" 명심보감의 첫 문장이었음을 어찌 알았겠나... 김 삿갓의 시들을 이해하면 더 재미난 것이 많지만. 가정밭의 잘 익은 수밀도가 너무도 맛있어서 장난기 많은 사촌 언니는 앞장서 큰아버지 몰래 자기네 밭에서 서리를 하곤 했단다. 이런 갖가지 시골의 맛은 도저히 잊지 못할 내 추억의 보물창고다.

사람은 가고 추억은 남는다고 했던가?

시골의 외양은 변했어도 내 가슴속에 담겨있는 건 사람도 풍경도 조금도 달라진 게 없다. 내가 사랑하던 그 모습 그대로.

사진일기

이 나이에도 일기 쓰는 사람이 얼마나 될지 궁금하다. 어릴 때 방학숙제로 쓰던 것과 아이들이 자랄 때 쓰던 그림일기가 생각나지만 그래도 일기는 친근한 이름이다. 나는 사진일기가 좋다. 매일은 아니지만 꽤 잦은 편이니 그래도 일기라고 붙여두고 싶다. 가끔씩 펼쳐보면 사진 찍은 장소랑 그때의 기분까지도 생생하게 전해져 온다.

지금은 휴대폰이 필수품이 되었으니 사진이랑 동영상이 가득하다. 옛날 사진을 보노라면 5년 전만 해도 훨씬 더 젊어 보여 놀라기도 한다. 설악산 계곡에서 물장구치는 동영상은 보기만 해도 웃음이 절로 난다. 십오 년 전쯤인가 보다. 남편이 장기출장을 간 후 컴팩트 카메라를 들고 멀지않은 예술의 전당을 자주 다녔다. 투명한 가을 하늘에 새빨간 단풍이나 붉은 감이 주렁주렁 달리면 환상의 조합이 된다. 눈이 오는 날의 은세계는 어디든 한 폭의 수묵화가 되어준다.

한동안은 접사에 꽂혀 마이크로의 세계에 푹 빠져 이끼랑 작은 꽃과 벌레 같은 사진만 찍기도 했다. 피사체를 보이는 대로 바라보는 것과 아주 세밀하게 들여다 볼 때와 넓은 배경 속에 넣고 볼 때는 완전히 다른 모습이 되어 주관적인 판단이 얼마나 위험할 수 있는지 경고해 주곤 한다.

그 무렵의 또 다른 사진일기로는 하루 100여명이 드나드는 나의 고교 카페 이야기다. 우리들의 학창시절 에피소드 부터 일찍 결혼한 친구들의 손주 자랑까지 활기찬 대화의 장으로 그 때는 나도 열심이었다. 매주 월요일 북한산 등산을 하는 고교 친구들 모임인 "모두랑"의 사진을 찍고 간단한 글을 쓰고 음악소스를 서핑한 후 임베디드 작업(끼워넣기) 해서 카페에 올리고 답글을 주고 받으며 서로 소통 하노라면 시간이 금방 지나가는 듯했다. 대구와 서울, 미국과 캐나다에서도 공간이동 걱정 없는 참 편리한 여행이기에 한동안은 거기에 푹 빠져있었다.

그러다가 어섬데이, 키네마스터 등 사진에 글씨를 넣고 영상 만드는 작업이 재미있어 독학으로 또 열정을 쏟았다. 나는 끈기가 부족해 시작은 잘 하는데 오래 지속하지 못하는 단점으로 인해 빼어난 분야가 없어 늘상 지적을 받는데 다행히 사진만은 놓아버리진 않았다. 지금은 이안폰 만으로도 화질이 아주 좋아져서 소소한 즐거움을 누릴 수 있다. 카메라를 챙겨 다니는 건 번거로우니까.

게다가 우면동으로 오니 양재천, 우면산과 생태공원, 청계산 까지 다 나의 활동 공간이 되어주어 소재가 너무나 많아서 참 좋다.

각기 다른 꽃들이 계절마다 피고 같은 꽃이라도 핀 장소와 핀 정도, 찍는 각도에 따라 다 달라지니 완전 버라이어티 하다. 마음에 안 들면 금방 지워버리고 새로 알게 된 꽃 이름도 넣어주고 빛의 가감, 트리밍(자르기)에 따라 확 달라지는데 가끔은 색깔도 반전 시켜보면 더 멋질 때도 있다. 색상이 반대가 되는걸 보면서 인간세상도 이렇게 완전히 뒤집어 보면 어떨까 하고 가히 혁명적인 발상을 해봄도 즐겁다. 남자와 여자, 부자와 가난한자, 부지런한 사람과 게으름뱅이가 뒤바뀐다면… 순간포착 때문에 좀 더 어렵긴 하나 새들의 움직임도 흥밋거리다.

거의 홀로 있으며 커다란 날갯짓이 근사한 재두루미가 햇빛을 받아 금빛으로 빛날 때는 정말 멋지다. 생각 밖으로 멀리 높이 나는 청둥오리도 주목하게 된다. 새까만 가마우지 요것도 양재천에서 처음 보고 이름을 찾아냈다. 잉어 떼들의 움직임도 예사롭지 않다, 먹이를 따라 물 밖으로 입을 쏙 내미는 모습은 귀엽기조차 하다.

어느 날 물가 쪽 좁은 길을 걷다가 느낌이 이상해서 멈추었더니 예닐곱 개의 알이 있어 깜짝 놀랐다. 가까이 어미가 있길래 궁금해서 조심조심 계속 가보았더니 청둥오리 새끼 여섯 마리가 한껏 입 벌려 모이를 기다리다가 받아먹는 모습은 놀라웠다. 그 뒤 일가를 이룬 새끼들이 어미를 졸졸 따라가며 여린 다리로 물속에서 열심히 저어대는 모습을 보며 유전인자란 참 대단하다는 걸 새삼 확인했다. 물론 동영상도 찍고 영상으로 만들어서 나의 사진일기가 되었다.

사진일기를 쓰노라면 눈이 즐겁고 사물을 눈여겨보게 되니 관심이 다양해져서 생각도 많아져 때론 위안이 되고 벗이 되기도 한다. 가끔씩은 이런 것들을 다른 사람들과 공유하여 나누는 것도 좋고, 덤으로 모여앉아 남의 흉을 보지 않아도 된다.

앞으로의 내 사진 일기는 또 어떤 것들로 채워질지 아직은 예측 불허라 기대가 크다.

삿뽀로 여행

어느 해 2월 삿뽀로에 계시던 형부한테서 멋진 겨울 눈 구경 오라고 초대를 받았다. 그룹투어가 없던 시절이라 망설이다 유끼 마쯔리(눈축제)는 놓치고 말았다. 처음인 해외여행을 나 혼자 하자니 걱정스럽기도 했으나 늦게나마 용기를 냈다. 그러나 소공동 KAL 빌딩에서 티켓팅 하면서 그 거금에 오금이 저렸다. 설레는 마음에 비행기 창문으로 내려다보이는 이국의 정취를 만끽하며 드디어 삿뽀로 공항에 내릴 때는 가슴이 두근거리고 기대로 한껏 부풀어서 언니랑 형부를 만났다.

유끼 마쯔리는 삿뽀로 시내 중심에 있는 동서로 길게 뻗은 오도리 공원에 눈으로 조각된 작품들이 전시되는데 만화 주인공이나 건축물들이 많고 크기도 대단하며 모이는 사람들이 많아 한바탕 축제가 벌어진단다. 일본은 지방마다 독특한 주제로 벌어지는 마쯔리가 많고 다양하기로 유명하다. 겨울 제철의 삿뽀로 여행은 환상 그 자체였다.

굳이 가와바다 야스나리의 "설국"을 들먹이지 않아도 그 자리에 있는 것만으로도 저절로 느껴졌다. 펄펄 내리는 눈 속에 붉은 색의 구도청사와 시계탑도 그대로 한 폭의 풍경화가 되었다. 130년 간 한결같이 시간을 알려주는 농업학교 삼각 종루에 설치된 시계탑은 아직도 매시 정각이면 종이 울리는데 이 건물은 일본의 중요 문화재로 지정되어 있단다.

또 완전히 눈 속에 덩그러니 솟아있는 개척촌에는 예전 그대로의 검은 목조건물이 서 있는데 그들 선조들의 삶을 엿볼 수 있었다. 높고 넓은 실내의 한가운데 조그맣게 자리한 공간에서 불 피우고 음식 만들며 지내자니 무척이나 추웠을 듯했다. 단출하고 소박한 그들만의 방식으로 오랜 전통을 지키며 살아왔을 그 모습에서 강인함이 느껴졌다.

 이제는 이번 여행의 백미, 삿뽀로 아바시리 간 7시간의 기차여행. 아! 에끼벤을 까먹으며 우리들의 정담은 끝이 없고 눈 내리고 또 내리는 그 원시림을 헤집으며 기차는 잘도 달렸다. 아직도 그 광경이 눈에 선하다. 여기서 라면 처음 만나서 눈만 마주쳐도 멋진 사랑을 이룰 수 있을 것 같았다.

 눈 위에 철퍼덕 드르누워 자취를 그리며 그리도 좋아하던 영화 러브스토리의 주인공들이 누구든 될 수 있겠다. 거대한 나무에 눈이 쌓이고 그 위로 또 새로이 덮이는데 그 속을 가끔씩 기적을 울리면서 기차는 달리고 또 달리고 쉼도 거의 없었다.

 내가 시인이라면 멋지게 시를 쓰고, 곡도 더해서 사랑의 세레나데를 망설임도 없이 척 만들어 낼 수도 있을 텐데… 안타까운 마음을 유리창에다 얼굴을 그리고 하트랑 글씨도 쓰면서 손가락 그림으로 달래볼 뿐. 그 긴 시간을 함께 하고도 아쉬워하며 기차에서 내리니 눈이 너무 많이 오고 있어서 유빙선을 타고 오오츠크해를 유람하려던 계획은 취소가 되어 정말 아까웠다. 언제 또 올 거라고. 게요리로 대신 한댔다. 그렇다면 맘껏 게요리 파티를 즐기면 되겠구나.

 상상도 못하게 살이 꽉꽉 들어차고 아주 커다란 게를 삶고 찌고 굽고 다양한 요리로 평생 먹을 게를 그 날 하루에 다 먹었다. 그

오묘한 맛이란... 돌아오니 어느새 사람 키를 훌쩍 넘는 눈 담장들이 양쪽으로 세워져 있고 그 사이로 좁은 통로가 눈으로 다져져서 걷기에 좋도록 나있었다. 안 그래도 깨끗하던 동네가 완전히 하얀 나라인데 불이 켜지니 꼭 크리스마스카드 속의 마을 같아서 선물 보따리를 멘 산타할아버지가 금방이라도 오실 것만 같았다.

여기서는 사람들의 마음도 하얘서 나쁜 생각이 들어갈 자리도 없을 듯하다. 마냥 주저앉아 버릴까 보다. 분위기에 취해서인지 오니기리 오뎅 모찌 망개떡 회며 생선요리 메밀국수 다 맛있었다. 오도리 공원 지하상가를 누비며 마음에 드는 선물을 하나씩 찾아내기 위해 서투른 일본어를 날리며 다니는 재미도 쏠쏠했다. 선물의 주인공이 소학생이라 해야 되는데 무심결에 국민학생이라고 말해버려 어리둥절한 주인을 보고 아차 싶어 금방 고쳐 말하는 해프닝도 있었지만 실수가 있어야 늘겠지 하며 약간은 뻔뻔해졌다.

내 사주에 역마살이 있댔는데 나는 그게 좋다. 어릴 때 세계여행을 꿈꾸기에는 역부족인 것같이 느껴져 "우리나라는 다 돌아다녀야지" 하면서 지리시간을 무척 좋아했다.

이번여행을 시작으로 조금씩 내 꿈을 넓혀가겠다는 포부랑 어느 정도의 자신감이 생긴 건 확실하다. 그리고 자주자주 만나지 못하는 언니랑 형부와도 한층 더 가까워져서 좋았다. 이참에 어학 실력도 좀 더 다져둬야 하겠고 앞으로 할 일이 많아져 버렸네. "백문이 불여일견"이라 많이 듣는 것 보다는 한번 보는 게 확 와 닿는 걸 확인했으며 여러모로 색다른 경험을 한 좋은 기회가 된 유익한 여행이었다.

매화 단상

알싸한 추위가 물러날 즈음이면 항상 매화 향이 그립다.
연중 맨 처음으로 찾아온 귀한 손님이어서 일까?
온화한 가슴에 안긴 바람이어서 일까?
오늘따라 유난히 삼십여 년 전에 매화와 첫 인연을 맺은 탐매여행이 생각난다. 처음으로 남녘땅 경남 산청, 남명 조식 선생이 후학을 가르치시던 산천재 앞마당에 손수 심으신 남명매(수령 460년)를 봤다.
"매화가 피어나니 맑은 기운 솟아난다."고 읊으셨던, 선생의 강직함을 닮은 그 고고한 백매는 유달리 향기가 짙다고 알려져 있다. 다음으로 들른 곳이 토종 매화나무가 가장 많다는 순천 선암사. 무우전 돌담을 따라 수십 그루가 늘어서 있었다. 그 중 원통전 앞 수령 600년도 넘은 한국에서 가장 오래된 백매가 천연기념물 488호 선암매다. 수백 년 세월을 버티며 살아낸 매화는 수형이 고풍스럽고 아름다울뿐더러 살며시 스며드는 향기에 취하지 않을 수 없다.

또 낙안읍성의 동문으로 들어서 마을길을 따라가다 홍살문이 있는 객사 지붕에 살짝 얹혀진 듯한 홍매와 녹색 단청과 기막히게 어우러진 백매도 만났다. 덧붙이자면 그때는 가보지 못했으나 구례 화엄사 각황전 앞 홍매는 색깔이 진하고 위용이 당당한데 정유재란 때 맹활약 하다 순절한 승병들의 혼이 뭉쳐 피어난 듯 약간 검붉은 빛이 돈다고도 했다.

이렇게 하루 종일 매화로 유명한 곳을 찾아 대가들로부터 얽힌 일화를 듣고 보며 많은 것을 알게 되었다. 그 후 매화에 관심을 갖게 되고 특히 색깔과 향이 아스라한 청매를 좋아하게 되었다.

매화의 종류는 꽃잎에 따라 홑매, 겹매, 만첩매 그리고 색상에 따라 백매, 청매, 홍매로 불리고 더러는 지명, 인명과 연관된 특별한 이름을 가진 것도 있다.

요즈음처럼 매화마을로 봄나들이 가거나 도시에서도 매화를 흔하게 볼 수 있게 된 건 88올림픽을 거치면서 우리 것에 대한 관심이 높아져 많이 심고 가꾼 수고가 있다.

그러나 드물기도 하려니와 고귀함이 절로 묻어나는 古梅는 그 결이 사뭇 다르다. 오늘 첫사랑의 아련함처럼 고요히 마주한 청매의 은은한 향기, 가녀린 순수함, 고고한 자태.....

내가 고스란히 닮고 싶은 격조 높은 여인의 모습이 아니었을까.

처음 한 그룹투어

우리가 사대주의란 말을 할라치면 중국이 떠오른다.
수많은 학파와 사상가들 종이와 화약을 처음 발명하고 거대 선단을 외국에 파견하는 등 중국이 세계의 중심이라고 자타가 인정했던 때가 있어 중화(中和)라 하지 않았나?
중국이 궁금해서 베이징 투어에 나섰다. 그룹투어라고 하나 팀에 내가 슬쩍 끼어든 듯 했다. 그러나 올드미스 약사와 남편이 공군 대령이라는 아줌마도 각자 따로 온 터라 금방 친해져서 아주 유쾌한 여행이 되었다.
중국 역사상 가장 극적인 순간들의 무대가 된 천안문 광장에는 마오쩌둥의 사진과 기념관 앞에 듬직한 군인들이 왔다 갔다 하며 지키고 있다. 세계 최대의 왕궁이며 구천구백구십아홉개의 방을 가진 자금성, 난징에서 베이징으로 수도를 천도하며 영락제가 지은 것이다. 왕의 권위와 위세가 최고조로 온통 황금빛과 구룡들 수많은 귀중한 장식품들 내외전과 박물관 등 볼 것이 정말 많았다.
유네스코 문화유산으로 자리매김 하기에 충분했다. 궁궐 마당에서 거대한 붓으로 맹물 찍어 마당에 일필휘지 하던 할아버지 중국 특유의 간드러진 고음의 노래와 악기 연주도 인상 깊었다.
황제가 유일하게 절하며 천지에 제사 지내던 천단공원, 기세가 하늘을 찌를 듯 하던 서태후가 많은 시간을 보내고 죽은 곳인 여름별장, 이화원도 유명하다. 그래도 내 마음을 가장 끌었던 건 우주에서도 보인다는 만리장성이었다.
 마차가 충분히 다닐 수 있는 넓이에다 중간 중간 전망대가 있어 지킴이로 탄탄했다. 갈 수 있는 만큼 멀리가려고 걷다가 뛰다가 돌에 쓰여진 이름들을 봤다. 그 시절에 이미 철저한 책임제라니... 이런 거대한 건축물을 지은 그 이면은 어둡기도 하다. 어쩔 수없이 끌려와 죽도록 일하며 또 죽어간 그들을 생각하면 국경을 지키려고 힘들게 만리장성을 쌓았건만 결국은 북방오랑캐에게 나라를 다 내주고 말았으니 참 아이러니 할 뿐이다. 그래도 후손들은 그 덕을 보고 있으니 다행스럽기는 하다.
 공군 아저씨 친구가 파견 나와 있어 일정이 끝나고 가이드랑 넷이 올림픽 아파트를 방문하고는 그 많은 골동품에 놀랐다. 안주인이 주말마다 수년간 수집했단다. 참 안목이 높아 보였다. 가이드의 안내로 야시장 구경도 재미있었지만 값이 너무 싸서 많이 놀라기도 했다. 외국인들은 무료인 초대형 디스코텍 구경으로 중국의 뜨거운 열기도 느꼈다.
 이튿날 얘기를 들은 일행은 우리를 시샘했다. 네모난 형태의 사합원으로 이루어진 후통과 먹거리 볼거리 많은 유명한 왕푸징 거리, 입에 살살 녹던 베이징덕, 각가지 고기의 꼬치며 향내 가득 퍼지던 쌀국수, 만두....가끔씩 살짝의 일탈로 우리와는 다른 문화와 음식과 사람들을 대해보는 것이야말로 참다운 여행의 묘미 아니겠나.
 나의 첫 그룹투어로 선택한 베이징 여행은 성공적이었고 오랫동안 기억 속에 머물러 있다.

소확행
- 들로 산으로

   오랜만에 산을 한 바퀴 돌아보고 싶어 가벼운 마음으로 나섰다. 멋진 아치 나무다리를 두고 야트막한 돌다리로 물위를 건넌다. 찰랑대는 물을 보면 마음이 편안해진다. 꽃으로 가득한 천막이 늘어선 옆 동네로 돌아서 산으로 갈 참이다. 히어리랑 자주에 가까운 홍매가 화려하다. 쏟아질 듯 번성한 골담초며 서향, 분꽃나무, 앵두꽃도 철 이르게 피어서 제집으로 옮겨가려는 이들의 발길이 분주하다.

   나는 그래도 기른 것 보다는 산이나 들에 자연으로 있는 게 더 좋다. 산 초입에 들어서니 토종이라 자주 볼 수 없건만 흰 민들레가 무리지어 환하게 웃으며 반겨준다. 어릴 적 맡던 엄마 냄새가 어려 오는 듯하다. 맑은 연보라색 메제비꽃이 시골 소녀같이 해맑아 친구들에게도 보내준다. 현호색도 납작 엎드려야 찍을 수 있어 철퍼덕 앉으니 흙냄새가 상쾌하다. 진달래가 여기저기 붉으레 수줍다.

   사람의 발길이 뜸하니 산은 온전히 내 차지다. 어느새 엔돌핀이 많이도 나왔나? 마음이 푸근해지며 힘이 절로 솟아난다. 천천히 더 올라보는데 조금씩 비가 내리니 애달픈 마음이 든다. 그래도 크고 작은 식물들은 이 비가 얼마나 반가울까?

   사막에서는 거의 일 년을 기다리다 잠깐 내리는 비로 순식간에 꽃 피우고 열매 맺어 자손을 퍼뜨린다는데 자연은 참 오묘하기도 하지. 거기 그 자리에서 순리에 따라 욕심 없이 살아라 일러주는 듯하다.

"사람들은 지즈금(제각각) 사는 게 제일이다" 엄마가 늘 하시던 말씀이 메시지로 다가온다. 나는 문명이 극단으로 치달아 승자독식이 지배하는 이 시대가 싫다. 못사는 나라들은 나름대로 행복을 지키며 살게 두지 모든 걸 지배하고 뺏어야 직성이 풀리는 대국들도 지나치다. 개인들도 마찬가지고. 허울 좋은 구실이야 많건만 결국은 인간의 극단적인 이기심 아닌가.

잠깐 어두워진 마음으로 소로에 드니 남산제비꽃이 필 듯 말 듯 살짝 내보여 위안을 준다. 어떤 친구가 나더러 "스트레스가 없나, 남편이 잘해주나"고 궁금해 한다. 그럴 리가 있나. 나는 마음 내키는 대로 마구 돌아다닌다. 말은 없어도 교감 할 수 있는 흥미로운 자연의 친구들이 많아 마음이 부유해진다.

소확행, 욕심 부리지 않으면 여기저기 작은 행복이 숨어있다. 그걸 실천하고 누리는 것일 뿐이다.

이 한 희

서울시 서초구 강남대로 2길 41 봉영빌라 301호
TEL ; 010-6304-5676

벌써 봄이

입춘지나 춘분이 오니
한식이 내일 모레

봄소식 이고 찾아온 꽃들의 향연은
시샘하듯 자태를 뽐내고 있건만

색동옷 갈아입고 벼르고 벼른
열여덟 봄 아가씨

이웃나라 불청객에 손발이 묶여
갑갑한 두문불출
마음 둘 곳 찾지 못해
하늘하늘 원피스에 눈길만 오락가락

봄은 왔는데

이슬비에 목축인
연록색 잎새들
짙게 짙게 물들어간
봄의 뒷자락에

방긋 방긋 미소 짓는 모란꽃 아가씨
아카시아 향에 취해
떨리는 가슴 부여잡고

임과 함께 발 맞춤하던
아련한 추억들

행여 행여나
임 바라기에 지쳐버린
소녀의 가슴엔
멍자국만 새겨진 갈색 잎 계절

봄나들이

코트 깃 세운 자라목 계절이
엊그제였건만
어느새 넝쿨장미 백합에 안개꽃이 들어 선
봄의 중앙에

손녀 손자 앞세워
나들이 간다

오리 등에 올라타 노젓는 연인들 속에
호수에 비친 고사리 손의
앙증스런 그림자며
미소로 머금는 함박웃음의 세례가
행복이 아닐까

한 방울 두 방울 시샘의 빗방울이 내릴 때면
카페의 창가에 기대앉아
꼬마 녀석들의 재롱에 찰칵 찰칵
커피 향에 취한 나들이의 향연

간절기(間節氣)

시간이 절기(節氣)를 물들여
곱디고운 향기를 필 때면
여심의 장롱 속은 분주해 진다

형형색색 갖가지 의상들이
빼곡히 문을 열고 줄서기를 하며
창밖의 눈빛에도 안간힘을 쏟는다

추울까 더울까
짙은 색 옅은 색 저울질 하다
고르고 그른 옷 차려입고
뽐내며 나선 길에

에구머니,
먼저 고른 그 옷이 딱이었는데
후회 아닌 후회가 등골을 잡는다

메밀국수

주부의 하루는
끼니의 선택에 행복이 오고가듯

뙤약볕에 고른 메뉴
메밀국수

슥삭 슥삭 무 갈고
송송 썰은 파에
삭둑 삭둑 김 잘라

알싸한 겨자 소스에 얼버무려
후르륵 콧등을 칠 때면
오싹한 등줄기의 행복담긴 그 맛

시냇물

햇살무늬 받쳐 입고
돌 뿌리도 건너뛰고
물풀도 스치면서
재잘대며 흘러간다

늘푸른잎에 새겨진
내 마음의 연서(戀書)를
그 님께 띄워 본다

흐르고 흘러 어디메에 닿아서
그 품에 안기려나

세월이고 기다리는
여심(女心)을 알고나 있으려나

가을

갈바람으로 찾아온
귀뚜라미의 구슬픈 노래가
밤하늘을 수놓을 즘엔

향 짙은 갈잎들이
형형색색 나부끼며
가을 여행길에 오른다

코발트 빛 하늘에
갈색추억을 엮어
임의 가슴에 하트를 드리우면

소롯이 다가오는
임의 목소리
그대와 함께 걷고 싶은
황금 빛 낙엽 길

처마 끝 빗물

추적추적 그리움이 솟는 날
초가집 용마루 모첨(茅檐)에
방울방울 맺힌 여운들

못내 장맛비 되어
시샘으로 곤두박치니
청춘도 영혼도 무너져 내려
낙수되어 넘치는 물받이들

한(恨)인지 눈물인지
그 옛날의 추억들
새록새록 깨어나는
고향집 풍경

밤비

까만 밤
꽃잎에 입맞춤하려
살며시 내려앉은 봄비

시샘한 바람에 놀라
눈 맞춤도 못한
찰나의 순간이 못내 아쉬워

안개비가 되어 버린
영혼의 조각들

이네,
원망이 아쉬움과 그리움 되어
가슴에 묻고
이슬비 되어 내리고 있네

엄마

사철 등걸 휘어지며
빛바랜 세월로 지새운 삶

생을 받힌
한(恨)의 빗줄기 넘치고 넘처나
골이 패이고
강을 이루어
바다가 되는
엄마의 품속

거기엔
언제나 사랑과 평화가
빛으로 내리쬐는
엄마란 이름 뿐

어머니

온 세상 부정 할 수 없는
가장 좋은 말
어머니

가슴으로 품어 안고
등으로 키워온
한(恨) 많은 세월들

가족 위한 희생과 헌신
넘치는 사랑 주체치 못한
한의 여운들

이제
불러도 대답 없는 이름이 되어
목매인 눈물만
볼을 덮고 있다

감로암

산모퉁이 돌고 돌아
장고개 넘으니
모락모락 피어오른 저녁연기 속에
감로암이 서 있다

주지승은 간데없고
노 보살 (老 菩薩)만 홀로 남아
불단 앞에 촛불을 켜
바람의 춤을 추고 있다

중생들을 향한 사바세계의 염불소리
삼봉산의 정적을 깨뜨리고
대웅전의 풍경(風磬) 소리는
솔잎 스치는 바람에도 화음에 젖고 있다

삼라만상이 잠든 인시에
도량석 목탁소리는
청아한 울림으로 세상을 일깨우고 있다

첫눈

싸늘함이 엄습한 그 날
수줍은 듯 찾아온 첫눈

허공을 날고
산과 들을 서성이며
내 뜰을 찾아오신 당신

그 먼 길
오시려거든
함박웃음 소복이 적셔 주시지
가늘고 가냘픈 서릿발로 오시렵니까

아니올시다
이제 시작인 걸요
덧 다리 펴 놓고 기다림 하오니
나목(裸木)도 뜰에도 소복이 내리 오소서

빗물

섭디 서러운 그 날
당신이 누운 그 자리에
빗물이 고였어요

내 마음 알아차린
당신의 흔적으로
바람타고 그 먼 길 찾으셨군요

허나, 어찌 하오리까
잡으려 잡으려 해도
잡혀지지 않는 당신의 방울 방울들

창살을 스쳐 흐르는
저 빗줄기 속에
나는 당신을 그리워하고 있음을

비가 내리면

잿빛 하늘에
먹구름 드리워지면

어김없이 찾아드는
귀하디 귀한 손님
앵두 볼을 타고 내려와
가슴을 적신다

멀고도 먼 그 옛날의 추억
잊으려 할수록 더 또렷해지는
그리운 임의 모습

애야,
부르시던 그 향기로운 목소리
오늘도 가슴을 맴돌며
따스한 봄비로 내 가슴에 젖어온다

어느새 가을이

태양의 열기로 익어가는
울울창창(鬱鬱蒼蒼) 푸른 빛
파도 음에 밀려난
바람을 접드니만

어느새
시나브로 나부끼는 노란 은행잎
길섶을 흔들어 깨운
구절초며 코스모스의 향
들을 건너 가슴에 안긴다

이젠
색동옷 차려 입은 고목이며
하얀 수염 나부끼는 갈대들이
호반을 젖게 하겠지

아! 가을
바람도 단풍도
내 마음을 젖게 하는구나

아버지

　참으로 오랜 옛날이다.
　까까머리 오빠와 댕기머리 두 소녀가 철부지적 그리움이다. 서녘 해가 기울어 별 헤는 밤이 되면 아버지는 퇴근길에 '애들아!' 하고 우릴 부르시며 들어오시던 그 모습이 생각난다. 그럴 적마다 어머니는 아버지가 약주 한 잔 하셨나 보다 하신다.
　'아빠' 하고 달려간 우리를 보실 쩍 마다 끌어안고 뽀뽀를 진하게 해 주시며 지갑에서 지폐를 몽땅 꺼내어 주시며 '오늘은 뭐하고 놀았나' 하시던 그 인자한 모습이 새록새록 그리워진다.
　그뿐이랴, 이튿 날 아침이면 '애들아, 아빠 지갑에 돈이 하나도 없네' 하시며 겸언 쩍은 표정을 지으시며 미소 짓던 그 모습이 오늘 따라 가슴에 쨍한 느낌은 웬일일까!
　아버지는 평소에는 술을 별로 안하신 편인데도 가끔씩 술에 취해 들어오실 땐 언제나 기분이 좋으신 것 같았다. 그러나 평소에는 워낙 과묵하신 성품이라 별다른 말씀도 자주 없으셨으나 어머니는 지극 정성으로 아버지를 보필하셨다.
　그러나 지금은 90세가 넘으신 탓인지 좋아하시던 기호 식품도 옛 맛이 아닌 듯싶은데도 무조건 맛있다는 말씀뿐이다. 어머님과의 이별의 시간이 길어서 인지 외로움을 달래기 위해서인지 국내의 명산을 오르시며 노년을 즐기셨다. 그러나 요즘엔 건강도 많이 쇠약해지셔서 몹시 가슴 아픈 나날을 보내고 계셔서 마음이 먹먹함을 느끼고 있다.

올 봄엔 코로나로 인하여 외출도 자주 못 하고 여름이 지나 벌써 가을을 맞았다. 이 아름답게 물들어가는 단풍의 계절에 아버님을 모시고 여행을 떠나야겠다는 생각에 가슴이 부풀어 오른다.

그저 건강하시기만을 기도하며 이 아름다운 계절을 앞으로 몇 번이나 함께 할 수 있을지 모르는 이 시간이 너무도 소중하게만 느껴진다.

아버지 건강하세요.

아버지 사랑합니다.

어린 시절의 추억

추억의 그림자가 주마등처럼 스쳐가는 아주 어린 꼬마 시절 이었다. 할머니 댁에서 자란 나는 서울에서 엄마가 오시면 왠지 쑥스러워 굴뚝 뒤의 장독대에 숨듯이 쪼그리고 앉아 있곤 했었다.

환한 웃음의 엄마는 "왜 여기 있어 이리와~"하시며 팔을 벌리면 그때서야 살며시 다가가 엄마 품에 안겨 훌쩍거렸던 기억이 난다. 너무 어린 나이에 엄마 품을 떠나 살다보니 엄마란 존재가 조금은 어색하고 쑥스러워 쉽게 달려가지 못했나 싶다.

장마철이면 천둥번개가 무서워 할머니 손을 꼭 잡아야 잠이 들었던 생각이며, 비가 그친 날이면 마당 한 켠에 서있는 참나무 등걸위에 집게벌레가 느린 걸음으로 슬금슬금 기어 올라가는 모습을 물끄러미 쳐다보았던 기억들이 새롭다.

그런가 하면 농번기철엔 벼를 심고 씨 뿌리느라 온 마을 사람들이 줄을 이어 논밭을 갈고 김매기를 하던 추억이며, 농부들의 샛밥을 머리에 이고 가시던 할머니를 따라 막걸리 주전자를 들고 논두렁을 걷던 일이며, 할머니가 밭에서 따오신 수박이며 참외들을 흐르는 샘물에 둥둥 띄웠다. 땀 흐른 몸에 목을 추기던 그 시원함이란 감히 무엇에 비유할 수 있을까.

시골의 그렇게 분주한 날에도 아랑곳없었던 어린이들은 그네뛰기며 잠자리와 매미를 잡으려 들을 헤매이던 일들이며, 졸졸 흐르는 냇물에 뛰어들어 물고기를 잡던 일들이 주마등으로 비추어 온다.

그뿐이랴, 가을철이면 밭고랑에 주렁주렁 매달려 올라오는 고구마들의 행낭이며, 가을걷이 추수에 행복담긴 농부들의 땀방울은 그 얼마나 위대한 업적이며 성취의 기쁨이었을까!

고향이며 시골이란 존재, 어쩜 우리 한국 사람들에게 그리움이고 쓸쓸함이며 낭만이고 추억인 인생의 보람들이 아닐까. 칠순에 접어든 나이에도 고향과 어머니란 이름에는 한결같은 그리움만 샘물처럼 솟아오른다.

동행

　산들바람에 봄 향기가 물씬 풍기는 어느 날이었다.
　상쾌한 기분에 모처럼 사랑하는 남편과 함께 외출을 하였다. 전철역 가까이 오다 갑자기 핸드폰을 집에 두고 왔다는 생각에 아차 하며 잠깐만 기다리라며 집으로 달려갔다. 남편은 무슨 일인지도 모르고 어이가 없다는 듯 먼 산만 쳐다보며 기다리고 있었다.
　쏜살같이 달려가 대문을 열고 들어가 핸드폰을 가지고 나왔다.
　성격이 급하고 무서운 남편의 성화가 겁이 나서 허겁지겁 달리듯 뛰어가니 무슨 일인데 그렇게 달려갔느냐며 묻는다. 특별히 할 말이 없어 웃음으로 때우며 "응, 핸드폰을 집에 놓고 와서 가져오느라고요" 하니 "그럼 얘기나 하고 가지! 그렇게 달려가다 넘어지면 어떻게 하려고 그랬어!" 한다.
　모처럼 만에 듣던 인자하고 가벼운 말에 그만 눈물이 날 정도로 고맙고 미안한 마음에 행복감이 젖어들었다. 그래, 이게 사랑하는 부부야 하며 혼자 말로 속삭이며 예쁜 미소를 날려 보냈다. "참, 당신도 이제는 늙었나 보네" 하는 남편의 말에 또 다른 깊은 정이 느껴진다.
　젊은 시절 같았으면 어색한 표정을 지으며 팔짱을 끼고 예쁜 애교도 부려 보련만 이제는 그런 용기도 없어 그냥 빈 웃음만 짖고 말았다. 이러한 대화 속에서 우리가 가고자했던 목적지에 도착하여 이것저것 볼 일들을 다 보고 돌아가는 길이었다.
　이윽고 지하철의 환승역 계단을 내려가는 순간 객차가 도착하였는지 사람들이 쏟아져 올라오는 것이다. 오가는 방향이 서로 부딪혀 나는 미처 내려가지 못하였는데 객차의 문이 닫히고 말았다. 이게 왠 일이인가. 남편 혼자만 객차에 몸을 실었는데 그만 객차는 출발하고 말았다. 뜻하지 않는 이산가족이 되어 차창 밖에서 손을 흔들며 잠시나마 이별을 고할 수밖에 없었다. 핸드폰을 끄집어내어 기다리지 말고 먼저 들어가시라고 문자를 쳤다.

그리고 뒤따라 온 열차를 타고 매헌역에 내렸다. 당연히 집에 먼저 갔으리라고 생각했던 남편은 의외로 나를 기다리고 있었다. 너무도 고맙고 황송하다는 생각에 놀라지 않을 수 없었다.

평생 함께한 남편의 지극한 사랑도 모른 채 살아왔다는 어리석은 자괴감이 느껴져 몸 둘 바를 몰랐다. 왜 이런 야릇하고 짜릿한 사랑의 감정을 잊고 살았을까. 반성 아닌 반성으로 나 자신을 돌아 볼 수 있는 좋은 기회였다.

그래, 오늘 저녁은 맛있는 특식을 준비 해야지! 그리고 단 둘이서 맛있는 저녁을 먹고 야릇한 불빛에 앉아 따끈한 차 한 잔 앞에 놓고 오순도순 사랑의 꽃을 피워야지!

그리고 지금껏 못 다한 단 둘이서만의 꽃향을 피워야지.

어느 날의 단상

 눈을 뜨니 새벽 5시다. 평소엔 자다가도 가끔씩 깨었다 자는 버릇이 있었는데 오늘은 만족 하리 만큼 충분한 수면을 취한 듯 상쾌한 기분이다. 오늘은 복지관의 문학수업이 있는 날이기도 하다. 수업에 늦지 않으려고 어제 밤에 형님과의 약속대로 모닝콜을 하였으나 전화를 받지 않아 걱정하고 있는데 전화벨이 울린다.
 '여보세요' 하는 순간, 형님께서 '나 일어났어' 하시며 명랑한 목소리가 옥구슬처럼 들려온다. '잘 주무셨어요? 그럼 조금 이따 뵐게요.'
 전화를 끊고 방문을 여는 순간 창밖엔 보슬비가 주룩주룩 내리고 있었다. 비를 보는 순간 마치 소녀시절의 낭만을 연상하는 양 괜히 들뜬 마음이 앞서기 시작한다. 코로나로 인하여 수업도 몇 주째 쉬다보니 동료들의 얼굴이 그립고 보고 싶은 마음에서 일 것이다.
 서둘러 준비를 마치고 대문을 나섰다. 우산을 받쳐 든 내 모습이 오늘따라 무척도 행복해 보였다. 바쁜 걸음을 재촉하여 지하철을 탑승하고 서있는데 유리창에 비친 내 모습에 무언가 빠진 듯한 느낌이 든다.
 앗 차! 서둘다 보니 안경을 안 쓰고 나온 것이었다. 이걸 어쩌나! 그냥 가자니 수업에 지장이 있을 거고 뒤돌아가 안경을 가지고 오자니 언니가 먼저 양재역에서 기다릴 것이고~~~. 멈칫한 순간 언니로부터 전화가 왔다. 뜻밖에도 마을버스가 늦어 아직 지하철도 못 탔다는 것이다. 아마도 결석할까 보다는 말씀이셨다.

'아니, 안 돼요. 천천히 오세요.' '저도 안경을 빠뜨려 다시 집에 다녀와야 해요' 하며 지하철을 내려서 반대 방향을 향해 뛰고 있었다. 집을 향한 지하철을 기다리는 순간 남편에게 전화를 걸어 내 방에 안경을 가져다 달라고 부탁을 하였다.

매헌역에 내리니 벌써 남편은 안경을 들고 서 계셨다. 비오는 날의 지하철 역사에서의 랑데부 어느 영화 속의 한 장면처럼 가슴 뛰는 흥분 속에서 찐한 뽀뽀라도 즐기고 싶은 순간이었다.

'여보! 고마워요. 나 다녀올게요.'

왜마디 말을 남기고 허겁지겁 되돌아 양재역에 내리니 언니도 도착해 있었다. 서로가 반가워 부둥켜안고서 비오는 날의 아침부터 벌어졌던 이야기들을 나누며 복지관에 도착하였다. 이미 수업시간도 5분이나 지났다. 창피하고 미안한 마음에 도둑 강아지처럼 살며시 교실 문을 여는 순간 동료들은 모두가 한결같이 뒤돌아보며 우리를 반기고 있지 않는가.

교수님께서는 수업도 시작치 않고 우리를 기다려 주신 것 같아 미안하기 그지없었다.

삶이란 이런 것이다. 정이고 사랑이고 하는 모든 것이 오고가는 마음의 향기일 것이다. 서로가 서로를 향해 주고받는 믿음과 배려의 정신, 내가 먼저가 아니고 네가 먼저인 희생과 봉사의 삶이 얼마나 아름다운 것인지 우리 문학반에서만이 느낄 수 있는 것이어서 더욱 더 값진 삶이 아닐까한다.

묵직한 사랑

　다툼이 무언지 모르고 살아온 세월, 가끔씩 티격태격 일 때마다 승리는 언제나 내 편이었다.
　그러던 어느 날 뜻하지 않은 일이 생겼다. 믿고 믿었던 유일한 내 남편이 수술을 해야 한단다. 막내로 자란 애기 같은 사람, 오늘 따라 늠름하고 어른 같은 표정에 괜찮아 잘 될 거야 라며 나를 위로한다. 2년 전 전립선암 수술 때도 침상에 누워 괴로운 표정을 지으면서도 나를 위해 괜찮다던 그 모습이 생각난다.
　예약시간 보다 병원에 일찍 도착하여 접수를 하고 의사 선생님의 진료에 따라 초음파, 채혈, 채뇨 등 다양한 검사를 거친 후 입원 수속을 밟아 입원하였다. 수술은 당일 날 오후 1~2시 사이에 한다고 한다. 요즈음 코로나 사태로 보호자도 병실 출입이 제한되어 병원 밖으로 나올 수밖에 없었다.
　환자를 혼자 두고 밖에서 기다린다는 그 초조함과 괴로움은 마치 아들들이 대학 시험 때 추운 겨울바람을 맞으며 교문 밖에서 기다렸던 그 무거운 심정과 다를 바가 없었다. 그러나 수술이 끝날 때까지는 너무도 많은 시간이 남아서 마음도 추스를 겸 문학수업이 있는 복지관으로 향했다.
　오늘 따라 언니도 몸이 불편하여 문학수업에 나올 수 없다는 얘기를 들은 터라 나까지 수업을 빠질 수도 없었다. 이미 지각인데도 내 걸음은 뜀박질이 아닌 터벅 걸음이었다. 이윽고 복지관에 도착하여 교실 유리문 안을 살며시 들여다보았다. 언니 자리는 물론 내 자리도 휑하니 비어있었다. 문을 열고 살며시 들어가 맨 뒷자리에 앉았다.

그런데 앉아마자 교수님의 목소리, 오늘은 이만 마치겠다는 말씀이었다. 아니, 다른 날 같으면 아직 10분 이상의 여유 시간이 남았다고 생각했는데 벌써 오늘 수업이 끝이네 혼자말로 중얼거리는 순간, 저를 보신 교수님의 말씀 '다 끝났는데 지금 왔어' 하신다.

'네, 반장한테 말씀드렸는데 늦더라도 꼭 오라고 해서요'

오자마자 다시 병원으로 갈 수도 없었다. 그리하여 집으로 가서 점심식사를 부지런히 하고 평소에 다니던 절로 향했다. 도착하자마자 병원으로부터 전화가 걸려왔다. 이제 수술실로 들어간다며 수술은 대략 1시간 정도 예상되니 끝나는 대로 연락을 주겠다고 한다.

그리하여 대웅전에 들어가 두 손을 조아리며 정성껏 무사안일을 빌며 기도를 하였다. 때마침 기도를 끝내고 일어나려는 순간 전화가 걸려온다. 수술은 잘 끝났다며 회복실에서 2시간 남짓 회복을 하고 퇴원하여 집에서 안정을 취하면 된다고 한다. 그리고 얼마 후 남편으로부터 전화가 걸려와 퇴원 시간이 결정되면 전화를 줄 테니 그 시간을 맞추어 오라는 것이었다.

참으로 병원의 친절한 안내와 정성에 새삼 감사를 드린다.

그리하여 집으로 돌아온 나는 집안일을 끝내고 5시경에 병원을 향해 출발하였다. 다행히도 남편은 무통주사를 팔에 꽂은 채 1층 로비에 나와 있었다. 잠깐이나마 핼쑥해진 창백한 얼굴로 나를 반기는 그 모습이 너무도 안타깝고 사랑스러웠다.

부부란 이런 것인가, 평소엔 고맙고 감사하다는 느낌도 표현도 없이 무덤덤하게 살았으나 크고 작은 고통과 위로가 주는 삶이란 서로가 믿고 의지하는 사랑뿐이란 걸 뒤늦게나마 깨우칠 수 있다는 것에 감사를 보낸다. 평소엔 아들 같은 애물단지 하나 더 키운다고 생각했던 나의 어리석음에 깊은 반성과 뉘우침을 느끼며 생의 마지막 순간까지 깊은 정과 사랑으로 봉사하리라 다짐해 본다.

여보! 사랑해!

장 수 정

서울시 용산구 이촌로 1 GS한강에클라트 101동 1303호
TEL ; 010-9955-2840

단풍

예전엔 미처 몰랐어요
단풍이 붉게 물든 이유를

어둠속에도 빛이
모진풍파 속에서도 굳게 지켜온
의지의 푸르름이 있다는 것을

생의 희열을 열매에 쏟아 붙고
지친 걸음으로 돌아서는 본향의 꿈길

그 걸음걸음 마다 전해지는
숱한 추억들이 불타고 있다는 것을

벚꽃

세상을 수놓는
화려함의 극치

금세 왔다 금세 지는
삶을 위해
그토록 긴 세월 꿈꾸며 살았더냐

널 보기위한 기다림
인간들의 그 처절한 모습 뒤로한 채

무엇이 그리도 바빠
꽃비 되어 떠나는 거냐

그래도 좋다며 몰려든
저 몽매한 군중들의
화려함과 어리석음의 극치가
혼을 놓고 휘젓는구나

청령포의 오월

샛강에 둘러싸인
울창한 소나무 숲에
무섭고 외로움 달래며 눈물짓던
청령포의 아담한 한옥 한 채

17세에 사약을 받고
떠내려간 시신을 건져 올려
가매장한 곳
권력 앞에 좌초된
왕의 모습이 살아 숨 쉬는 곳

역사의 배신인지
권력의 배신인지
오백년이 지난 오늘의 모습과
달라진 게 무엇인가

오월이 되면
소나무 숲길만 보지 말고
흐르는 세월 앞에
새 시대의 역사를 뉘우쳐봄이 어떨까

추석 상차림

명절은
골방의 콩나물시루에서 부터 시작 된다

식혜 졸여 엿 만들고
찹쌀 끓여 유과를
밀가루 반죽에 약과를
모시 잎 삶아 송편 빚고
팥 돈부 얹어 시루떡 만들어 놓고
온갖 나물 빚어
고기전 생선전 녹두전에 파전까지
조기 상어 병어에 떡갈비에 육포까지
탕탕탕 끓여 놓은 탕국이 되면
햅쌀밥 새로 지어
새벽을 깨우는 기나긴 여정의 어머니의 손길

조상님 상차림에
가족들의 식사가 끝나면
쉴 새 없이 밀려든 객들의 상차림까지
어머니의 명절은
하루가 아닌 열흘이 넘는다

장수정

설날

세월의 격세지감에
문화의 차이가 너무도 무섭다

새해 첫날
가족과 친인척이 모여 앉아
시끌벅적 왁자지껄이
웃음꽃이 난무하더니만

핵가족 이룬 요즘 세상
너무도 쓸쓸하여
적막강산 따로 없다

외로움에 질척대던 시간에
불구의 양딸이
엄마 찾아 세배오니
기쁨의 세상이 이것인가 싶다

추석맞이

오곡백과가 무르익어가는 계절엔
산천도 바람도
구름타고 떠도는 여행길이다

이미 이승의 사람이 아닌
조상의 언덕들
이때쯤엔 자손들 집에 들려
거한 상을 접 하신다

할머니며 어머니의 솜씨 자랑도
이날이면 반짝 반짝 빛이나
하늘의 복이 함박꽃으로 피어난다

어른에서 아기까지
둥근 달이 되어
쥐불놀이 꽃 춤에 시간간줄 모른다

가을 손님

소슬바람 불어
이마에 흐른 땀 씻어주는
가을이 오면
어김없이 찾아든 손님

창틀 사이로 스며든 찬 공기에
등골의 열기를 식힐 때면
제체기와 함께한 불청객

봄부터 시작된 농사일과
갱년기의 가슴앓이로 찾아온
어머니의 단골손님 이었다

세월 탓인지 체질 탓인지
어머니의 메뉴가
이제 내 단골손님이 되었다

아버지

존재만으로도 근엄하고
강해 보이신 임

내겐 언제나
시조새가 되어 함께 놀아준
천사의 모습 이었다

삶의 고비 고비 마다
흔들림 없는 지혜와 인내로
세상을 다스리시던
큰 바위 얼굴

당신의 그늘이
새록새록 그리워짐은
잊을 수 없는 사랑이 아닐까요

첫눈

새벽을 가르는 시간에
하얀 눈꽃 송이가
너풀너풀 소복이 쌓인다

까치며 참새도 즐거운 양
고추새운 발걸음으로
눈도장을 찍으며 먹이를 찾고 있다

뽀송뽀송한 자국 따라
신령의 음성으로 들려오는
평화의 메시지

괴로움도 슬픔도
면사포에 가두어두고
행복담긴 미소로 꽃 춤으로만 내리는구나

가을걷이

스산한 바람에
옷깃을 여미는 가을이오면
두건을 쓴 어머니는 밭을 휘젓는다

광주리엔 배추며 무며
실뿌리 같은 고구마를 주워 담고
한 해의 저장고에 묻는다

하루의 해가 두려워 쉴 새도 없이
비닐장판 위에 깻단을 터시던
어머니의 꿈들

소쩍새 지저길 때 씨 뿌려
까마귀 울어대면 산란의 기쁨과 함께
몸 저 뉘이시던 아련한 기억들

갈바람 이는 계절이 오면
그리워지는 어머니

한강에서
— 강변에서

살얼음이 녹아내린 한강엔
유유자적한 철새들의 군무(群舞)가 화려한
오후의 한나절

따스한 햇줄기 따라 흐르는
윤슬의 도도한 빛들
소망으로 다가와
내 가슴을 물들게 한다

환란으로 인한 가나긴 잠을 깨어나
생동하는 삶이
저 빛처럼 쏟아지기를 바라는
내 마음의 여백

짝 잃은 철새

잿빛 하늘에
회오리로 몰아친 바람 사이로
혹한(酷寒)에 쓰라린 한 줄기 생명

무슨 사연 있길래
그 자리에 홀로 남아
피울음 토하며 가슴앓이 하느냐

깨어라
어서 깨어나라
저 건너 밀려오는 삭풍이 오기 전에

너를 두고 돌아설 수 없는
가련한 이 마음
어쩜 너는 나의 벗이 구나

진달래 꽃

여리고 여린 곱디고운
진달래 꽃잎
광풍에 시달리며
열꽃을 피우더니

말 한마디 없이 길섶에 누워
가쁜 숨 몰아쉬며
가엾게도 나를 처다 본다

코로나에 밀려
의료진의 관심 밖에서
통증과 고열에 시달리며

"엄마 너무 아파요"
외마디 말을 남긴 채
영성의 길을 떠난
17세 소녀로구나

코로나 시대

불현 듯 나타난 괴물이
코 막고 입 막아 말문을 막고
발까지 묶어 놓더니

그리운 사람 보고픈 사람
만날 수도 없는
거리두기란 삶들

이것이 삶이더냐 던
자업자득의 논리 앞에
입 닫고 귀 닫고 눈까지 멀어 사는 세상

젊음도 늙음도
미물 앞에 무릎 꿇고
희망 잃은 죽음 되어
꺼벙 눈만 굴리는 어리석은 세상살이

남산

푸르름이 짙게 물든 남산골엔
춘하추동의 사계가
소리 없이 내려앉은
반도의 사적지

진달래 벚꽃이 산을 덮을 땐
다람쥐 청설모의 놀이터가 되고

이름 모른 새들이 찾아와
사랑놀이 줄길 땐
세대를 잇는 역사의 장이 되던 곳

비바람 하늘거려 고추잠자리 날을 때면
갈잎들 고운 옷 갈아입고
연인들의 거리가 되어 주는 곳

스산함이 스치는 오늘 같은 날은
반도의 역사를 돌이키게 하는
삶의 현장이 되기도 한다

동행

가을 비가 추적추적 내리는 8월 셋째 주 월요일 몇 년 만에 아들과 함께 휴가를 떠났다. 목적지는 남해안의 고흥 나라도 근처 꽃 섬이었으나 태풍관계로 배가 뜨지 않으면 볼 수 없는 상황이다.

마침 가는 길에 충청도 당진에 평균 73.6세의 할머니들에 의해서 만들어진다는 한과 공장을 찾았다. 그 곳에서 일하시는 최고령의 할머니의 연세는 86세이시다. 그 할머니는 그 곳에서 일해서 번 돈으로 집 한 채까지 사셨다고 한다. 바삐 움직이시는 할머니들의 모습은 기쁘고 즐거워 보였다. 맛보기로 건네 준 한과 맛은 어렸을 적에 할머니와 어머니가 해 주셨던 한과 맛과 똑같이 부드럽고 고소하고 달콤했다. 한과를 한 상자 사들고 나오니 부자가 된 기분이다.

이 근처에 있다는 김대건 신부의 기념관을 찾았다. 8월 21일이 김대건 신부님의 탄생 200주년을 맞는 기념 행사가 대대적으로 이루어진 흔적이 보였다. 며칠 만 더 빨리 왔더라면 하는 아쉬움이 남는다.

김대건 신부님은 증조할아버지로 부터 할아버지, 아버지에 이어 4대째로 이어진 순교자이셨다. 신부님은 25세의 펄펄 끓는 청춘의 나이에 순교를 당하신 것이다. 기념관 구경을 마치고 한국의 산티아고로 알려진 버그네 순례 길을 찾아 걷기 시작했다. 처음에는 연꽃방죽이 끝없이 이어지더니 소담스럽게 자란 벼들이 한껏 폼을 잡고 저 멀리 지평선까지 이어졌다. 가는 길에는 비가 와서 인지 사람이 한 사람도 보이지 않고 차량도 어쩌다 한 대씩 조심스럽게 농로 위를 달리고 있어 평화스럽고 한적한 모습이다.

 우리는 도중에 원두막을 만나게 되었다. 금강산도 식후경이니 의자와 식탁까지 준비한 아들의 배려로 최고로 행복한 점심식사를 넓은 들을 바라보며 여유롭게 즐길 수 있었다.

 김대건 신부를 비롯한 여러분의 순교자를 낸 성스러운 땅에서의 뜻밖의 순례길이어서 그런지 아들과의 동행은 참으로 따뜻하고 행복했다.

어르신과의 인연

봄기운이 완연한 꽃 피고 새들이 노래하는 어느 날 내가 담당키로 한 어르신 댁을 방문하였다. 체구가 왜소해 보인 할머니가 난로가에 앉아 불을 쪼이며 무표정한 얼굴로 나를 맞이하셨다. "어르신 안녕하세요?" 인사를 하니 작은 방에서 할아버지가 큰 소리로 "어서 오세요!" 하시며 반갑게 맞아 주신다.

할아버지는 싱글벙글 웃으시며 친정아버지처럼 포근하게 대해 주시는데 할머니는 말 한 마디 없이 뚱하게 나를 경계하시는 눈치였다. 나중에 안 사실이지만 할머니는 말기 암 환자이셨다. 그래서 식사를 잘 못하시며 기운이 없으신 것이다.

나는 할머니 위주로 식단을 짜며 할머니의 기분을 맞추어 드리려고 부단히 마음을 썼다. 그러나 할아버지는 무슨 요리를 해드려도 잘 드시는 반면 할머니는 두세 숟가락 뜨시면 그만이셨다.

매일 같이 두 어르신들에게 무슨 요리를 해 드려야 할지 몰라 걱정을 하고 있는데 제주도에서 사돈이 편찮으시다는 소식을 듣고 온갖 진귀한 먹거리들이 박스채로 배달되어 왔다. 박스마다 펼쳐보니 진귀한 옥돔이며 전복이며 귤이며 옥수수를 비롯한 각종 나물들이 쏟아져 나온다. 그래 이거야. 오늘부터 이 식재료로 나의 음식 솜씨를 마음껏 뽐내며 각종 음식을 만들어 드려야지 하고 준비를 서둘렀다.

옥돔과 전복으로는 죽을 쑤고, 삶은 쑥으로는 인절미를 귤은 사과를 넣어 주스를 만들고, 옥수수는 약간의 소금을 넣어 삶아서

장수정 137

잡수시게 하였다. 다행히도 나의 음식 솜씨가 어르신들의 입맛에 맞으셨는지 아주 맛있게 드시는 모습을 보니 다소 마음이 놓인다.

그때였다. 할머니께서 후식으로 옥수수를 드시는 모습을 보시던 할아버지께서 마치 하모니카를 부는 모습 같다며 즐거워하신다. 순간 우리들은 다 함께 박장대소로 웃으시며 즐거운 식사를 할 수 있었다. 참으로 오랜만의 행복을 만끽하는 즐겁고 행복한 순간이었다. 이렇게 즐거운 식사를 마친 후 소화도 시킬 겸 평소에 하지 못한 운동을 통하여 햇볕도 쏘이게 하였다. 어르신들께는 매일같이 가벼운 운동을 하는 일은 가장 중요한 필수적인 것이었다.

처음에 어르신들을 다 모시고 남산 입구에 있는 게이트볼 장까지 가서 운동장을 몇 바퀴 돌게 해드렸다. 할아버지는 신바람이 나서 잘 하시는데 할머니는 몸이 너무 추우시다고 웅크리고 앉아 계신다. 결국 할머니는 하루 이틀 나오시더니 너무 힘들고 피곤하다며 그만 두셨다. 그리하여 할머니는 집에서 쉬고 계시라고 하고 파킨슨 환자이신 할아버지의 팔짱을 끼고 나가려고 하는데 할머니께서 시샘 겸 질투를 하시는 것 같았다.

그래서 할아버지와 함께 나가는 걸 멈추고 할아버지 혼자 다녀오시게 했다. 그런데 할아버지께서 신호등이 있는 건널목을 걷다 넘어지신 것이다. 스스로 일어서지를 못하시니 교통이 마비되었다고 어떤 사람이 집으로 전화를 했다. 깜짝 놀란 나는 쏜살같이 뛰어 나가 할아버지를 모시고 들어왔다. 그러나 할머니는 그 이튿날도 할아버지 혼자 나가시게 했다. 그 날도 또 짜증을 내는 전화가 걸려왔다. 이러한 우여곡절 끝에 삼일 째 되는 날 드디어 할머니의 허락이 떨어졌다!

그날부터 할아버지와 나의 동행은 4년 내내 계속되었다. 비가 오면 비옷을 입고 우산을 쓰고, 눈이 오면 팔짱을 낀 채 우산을 쓰고 즐거운 노래를 부르며 매일같이 운동을 다녔다. 그 결과 할아버지는 놀랄 만큼 건강해지셨다. 동네 약국의 약사로부터 "당신 때문에 고객을 잃었어요!"라는 멋진 찬사를 들었다. 할아버지께서 그 전에는 감기에 자주 걸려 약국 신세를 지셨던 것이다. 그러나 3개월의 시한부 선고를 받은 할머니는 온갖 정성의 노력을 하였으나 1년 만에 아쉽게도 그만 하느님의 부르심을 받고 소천 하셨다.

  할아버지는 19세에 이북에서 홀로 남한으로 내려오셨다고 한다. 일주일간은 소금물에 밥을 말아 드시는 등 온갖 고생을 하시다가 자수성가 하셨다고 한다. 그 많은 고난의 세월을 딛고 일어서셨으나 결국 노년에 파킨슨병이 찾아온 것이다. 그러나 할아버지는 아주 낙천적이시고 부드럽고 온유하셔서 동네 사람들로부터 사랑과 존경을 한 몸에 받고 계셨다. 말씀이 없으시고 항상 웃으시는 할아버지는 19세의 딸을 잃은 나에게 딸처럼 사랑스러우셨고 19세에 엄마와 헤어진 할아버지는 마치 엄마를 의지하듯 모든 것을 지지하며 나를 따라 주셨다.

  몸이 불편하고 힘이 없어 마음까지 약해진 할아버지께서 만면에 웃음을 지으며 어서 오라고 손짓을 하면서 "왜 이리 빨리 왔어요!" 하시는 모습을 뵙는 순간, 슬픔과 괴로움은 온데간데없이 사라지고 온몸에 엔돌핀이 솟는 것을 느끼곤 한다. 사랑스럽고 인자하신 할아버지께서 건강한 모습으로 남은여생을 행복하시기만을 기도드린다.

생존의 가치

은행잎이 노랗게 물들어간 가로수 길 따라 한강변에 자리한 동부이촌동 리버뷰 아파트를 찾았다. 거기엔 천진스럽고 단아한 노부부가 활짝 웃음꽃을 피우며 나를 기쁘게 맞아준다. 81세의 할아버지는 23년간 뇌경색으로 지내셨고, 77세의 할머니는 대퇴골로 병원생활을 하시다 한 달 전에 퇴원하셨단다.

오늘부터 내가 맡게 된 임무가 할머니의 재활운동과 간단한 수발을 돕는 일이다. 이렇게 맺은 어르신들과의 인연 속에 10일째 되는 날이었다. 정해진 시간에 맞춰 출근을 하니 할머니는 외출준비를 하고 계셨다. 조금이라도 남의 손을 덜어주고 싶은 심정으로 어렵게 어렵게 옷을 갈아입고 신발을 챙겨 신으시며 활짝 웃는 모습이 마치 천진스런 어린애처럼 어찌 그리 어여쁜지…

매일같이 정해진 시간에 맞추어 휠체어를 타고 한강까지 가서 난간을 붙잡고 걷는 연습을 하고난 후 각종 운동기구를 이용하여 재활운동을 하는 것이었다. 그날따라 휠체어를 밀고 한강어귀에 이르니 강물에 비추인 윤슬의 햇살이 그리고 반짝이며 우리를 반기고 있다. 순간 할머니는 야~호 함성을 지르며 환한 미소를 지으며 아이처럼 즐거움을 토하고 있다.

"한강이 이렇게 아름다운 줄 몰랐어요! 공기가 참 신선하네요!"

체구가 왜소한 할머니는 43kg의 몸으로 생과 사를 넘나드는 고통 속에서 헤매던 중 매일같이 자동 휠체어를 타고 문병 오신 할아버지의 정성으로 다시 살게 된 것이라고 겸연쩍은 미소로 말씀하신다. 싱그러운 강바람을 맞으며 우리는 즐겁고 고단했던 지난 날의 추억들을 정답게 나누며 시간을 보내고 있는데 어디서 왔는 지 갈매기 한 쌍이 날아와 내 곁을 맴돌고 있다.

마치 엄마와 딸 같은 우리의 정다운 모습을 보고 그들도 사랑을 느끼고 싶어 날아왔나 보다. 과자 부스러기라도 있으면 던져주고 싶은데 그러지 못한 마음이 애석하다. 내일은 "과자 한 봉지 사와 야지!" 하는 할머니의 따스한 말 한마디가 우리들의 마음을 더욱 행복하게 하고 있었다.

평소에 소홀했던 운동이 나이 들어 이렇게 망가질 줄이야 누가 알았겠냐며 한탄 섞인 외마디가 가슴을 멍들게 하고 있다. '글쎄 말이예요' 하며 나무토막처럼 굳어져가는 팔다리의 근육을 주무르 며 나의 일상을 반추해 보고 있다.

할머니는 "날마다 걷지 않으면 다리가 굳어진다"는 의사의 말 한 마디가 뒤늦게나마 가슴에 박혔나 보다. 어제도 오늘도 그리고 내일도 절뚝거리는 다리를 부여잡고 열심히 운동하는 모습에서 삶의 회한을 느낀다. 다행히도 할머니는 나를 만나 꾸준히 운동을 시작한지 불과 10일 밖에 안 되었는데도 발걸음이 많이 안정되고 속도가 빨라지고 있음에 고맙고 감사하다며 즐거워하고 계셨다.

오늘은 아픈 다리를 끌고 운동을 나가셨으며 휠체어 밀고 언덕 길을 올라오는 내가 힘 들까봐 오르막길에서 내려서 난간을 잡고 걸어 올라오셨다는 것이다. 참으로 고맙고 기특한 할머니의 마음 씀씀이에 안쓰럽고 고마움에 눈물어린 감동이 솟구친다.

매일같이 환한 미소와 즐거움으로 생활하고 있는 우리를 보시 던 할아버지는 오늘도 휠체어를 타시고 수산시장까지 가셔서 맛있는 회감과 갈치를 사들고 오신다.
  우리는 모두가 한 마음으로 한 곳을 바라보는 사람들이 되어 건강과 자유와 사랑이 넘치는 이웃이 되고 가족이 되어 오늘도 즐거운 마음으로 행복을 낳고 있다.

아버지

　제법 큰 물줄기가 흐르는 시내와 넓은 평야가 펼쳐있는 전라남도 영광군 영광읍 양평리 평전 씨족 부락에서 아버지는 5남매 중 맏이로 태어나셨다. 무슨 연유인지 작은 아버지는 중학교까지 나오셨는데 아버지는 학교에 다니시지 않고 서당에서 한문만 배우셨다. 그래서 아버지는 천자문과 명심보감을 늘 곁에 끼고 계셨다. 아침에 일찍 일어나시면 책을 들여다보시고 시조를 읊으시던 모습이 오늘도 아련히 떠오른다.
　가정형편이 어려운 아버지는 후덕하고 잘 생긴 얼굴 때문인지 부잣집 둘째 따님인 어머니와 결혼하시게 되었고 외할아버지로부터 큰 도움을 받아 기반을 잡게 되어 잘 살게 되셨다고 밥상머리에서 늘 어머니께 감사하다는 말씀을 하셨다. 은연중 막내딸인 나는 아하! 가난한 집 큰 아들에게 시집을 가서 살림을 일으키면 이렇게 엄마처럼 칭찬을 받겠구나 생각하며 결혼관을 키웠다.
　누구하고도 다투지 않으시고 성격이 좋아 원만하신 아버지는 집안에서 식구들로부터 큰 호응을 얻으시고 도움도 받으셨다. 논농사는 주로 아버지가 맡으셨고 닭과 돼지, 소 등 가축을 키우는 일은 할아버지 몫이었으며 밭농사는 어머니가 주관하셨다. 그런데 할아버지는 가축을 팔아 수입이 생기면 압다지에 수북이 모아두셨다가 큰 아들에게 주셨고 어머니는 잡곡을 팔아 나락으로 바꾸어 한 가마니를 봄에 빌려주면 한 가마니 반을 가을에 곡간으로 들여 놓으셨는데 아버지가 마음대로 쓰셨다.

부지런하시고 성실하신 아버지는 온 식구의 도움에 힘입어 동네에서 유지가 되시어 넉넉히 살게 되셨는데 6.25동란이 일어나고 갑작스런 공산당의 출현으로 고생길로 들어서게 되셨다. 그들이 아버지의 목숨을 노리고 집에 불을 지르자 아버지는 쫓기는 신세가 되셨고 타향살이를 하시게 된 것이다. 그러나 아버지는 결코 낙심하지 않으시고 오뚝이처럼 다시 일어나셨다.

중년에 이르러 농업에서 토건업으로 바뀐 아버지의 사업은 번창하였다. 영광~광주간 고속도로를 달릴 때마다 더운 여름에나 눈 오는 겨울날에도 고생하셨을 아버지를 생각한다. 마을과 마을을 잇는 많은 다리를 놓으시므로 사람들의 삶을 이롭게 하셨는데 그 중에서도 백수 앞바다 10만평을 막으신 일은 압권이다. 서울 말죽거리 땅 400평과 집을 팔아 7전 8기로 결국 막아내셨다.

바다를 막는 일이 힘에 부치셨던지 항상 넉넉하게 남에게 베풀며 사셨던 아버지는 72세의 젊으신 연세에 위암이 걸렸다. 엎친 데 덮친 격으로 교통사고를 당하시자 병원 생활을 오래 하셨다. 퇴원 후 아버지는 다시 일어서지 못하시고 누워서 7년을 지내시다 돌아가셨다. 그 7년이라는 세월이 얼마나 힘 드셨을까! 그 때 자주 찾아뵙지 못하고 함께 해 드리지 못해 정말 죄송할 뿐이다. 아버님께 평생 감사하며 살았지만 감사의 인사도 드리지 못했다.

말이 없으신 아버지가 밖에 나가셨다가 집에 돌아오시면 안방에서 얼른 다른 방으로 온 식구가 엄마만 빼고 도망갔지만 항상 제 마음속에는 아버지가 계셨으며 아버지가 이끄셨던 고향집은 참으로 따스하고 화창한 봄 동산 같았다.

아버지 사랑하고 존경합니다! 영원토록!

정 귀 자

서울시 서초구 명달로 11길 17-2 101동 402호(서리풀 월드메르디앙레드)
TEL ; 010-3303-3697

벗이여

함박꽃 보다
더 해맑던 밝은 미소
천사란 이름으로만 살아온
벗이여

어쩌자고 말 한 마디 남김없이
그 무거운 짐 내려놓고
홀로이 그 먼 길 훨훨 날아갔다 더냐

우리들의 약속도 잊은 채
함박꽃에 담긴 울음 꽃 한아름 남겨두고

먼 하늘 바라보며
네 이름 불러본다
이제 그리움으로 남는 벗이여

다시 만날 그날을 위하여

난

파릇한 잎 새, 우뚝 솟은 꽃대에
빛과 그늘로 살며시 드리운
그윽한 향 내음

수줍은 듯 청순함으로
곱게 피어난 하얀 생명

절개와 의지의 상징으로만
곧게 살아온 넌

언제나 홀로인
고고함의 선비이구나

숲길에서

청 푸른 숲길엔
파릇파릇한 젊음들이
온종일 오케스트라의 연주가
사르르 사르르 맴 맴 맴 정겹기도 하다

긴 긴 세월
묵상의 잠을 깨워
화려한 군무로 날아든 장엄한 청춘들

순간의 일 초가 그리도 아까워
짝 찾아 헤매 도는
저 가련한 숨 가쁜 울림들

무심결에 지나친
한 맺힌 애닲은 사연들
하늘도 매정한 자연의 섭리란다

호반

산 그림자 품고 있는
넓은 호반엔
어머니의 가슴이 드리워져 있다

물비늘 헤 짚는
오리들의 행렬
어미 따라 활보하는
저 황홀한 삶들

수많은 애환을 삭히고 나누는
정겨운 삶의 터전
잔주름 일렁이는 물이랑에는
내 마음 씻기운 꽃비가 내린다

오순도순 다독이며 어울리는
한나절의 풍광이다

대공원 동산엔

색색이 피어난 해맑은 웃음꽃
아기 태양 닮은 해바라기
지천에 널려 활짝 웃고 있다

팬데믹에 걸린 인간들 위로 코져
정성껏 모은 귀한 손길들
꽃말은 희망 행운 이란다

볕 따라 피고 지는 얼굴들
그 속엔 분탕질된
벌 나비들의 섭리

하얀 수국, 무늬수호초,
로벨리아 흰 꼬리 풀들
싱글벙글 이웃사랑 가족사랑

귀뚜라미

어스름 골목길에
갈바람 스칠 때면
어김없이 찾아든 손님

풀섶을 지나 담벼락에도
마루 밑을 지나 창가에서도
뚜르르 뚜르르 밤길이 깊어만 가던 곳

슬픔인지 외로움인지
내 마음 달래주는
은은한 세레나데

내 영혼의 안식이 되어준
그 시절의 고운 화음
이 밤도 귀 기울어지는 그 소리

고향 집

싱그러운 바람에 친구와 함께 나물케고
진달래 미소 따라
가슴이 설레이던 남쪽 바다

연초록 짙게 물든 여름날에는
발가벗고 멱 감던 개울가의 추억들이며
스르르 스르르 울어대는 매미들의 합창에
날 가는 줄 몰랐던 곳

코스모스 꽃길 따라
뛰놀던 그 어린 시절
붉게 익어간 감나무 밑의 추억어린 사연들
내 깊은 곳 그리움 한아름 숨이 가팠네

나목(裸木)에 눈꽃이 피어
순백의 세상이 되면
크리스마스 찬양을 위한 함박웃음으로
새벽길을 걷던 하얀 눈길의 추억어린 그 집

구절초

맑은 산등성에는
하얗게 피어 오른 수줍은 미소들

청순한 들국화의 꿈처럼 피어오른
옛 추억의 그리운 기상들

줄기며 잎 새는
어머님의 아픔가슴 달래주던 구절초의 고(膏)
지고지순한 성녀(聖女)의 사랑 이였네

한 잎 두 잎 따 담은
벼갯 속의 마른 꽃잎은
사랑의 향기 두근대는 설레임이였네

아버지 가시던 길

묵직한 성품
옳 곧음에 선을 세워
그리도 다정하신 던 님

묵언(默言)으로만 키우시던
칠남매 병아리들

세월로 이겨나간
가슴앓인 사연 속에도
흔들림 없는 고귀한 사랑 이야기

깊숙이 새겨진 소중한 흔적들
가시던 걸음걸음
내 마음의 신(神)이여

아름다운 날

변화무상한 삶 속에
흔들림의 가슴앓이가
가끔은 요동을 친다

큰 잘 못을 용서할 때도
작은 잘 못도 허용되지 않을 때도
인간의 마음이란 그런 것인가

청푸른 하늘에
두둥실 떠가는 구름처럼
유유자적 흐르던 강물처럼

고요만을 숨쉬는
폭넓은 아량의 꽃으로
내 삶을 키워가고 싶은 일상의 날

정귀자

꽃향기

담장 넘어 기대고 선
넝쿨장미의 환한 미소가
울긋불긋 향기로 피어나면

벌 나비들 날아들어
꽃 춤을 추며 술래잡기를 한다

봄은 언제나
향기로운 아침의 기도로 피어나
소리 없는 허물을 감싸 안고

꽃처럼 아름다움을 간직한 채
배품과 헌신의 희생으로
영원한 삶을 유추하는 향기

벚꽃

화사한 벚꽃 길
꽃잎이 눈꽃 되어 휘날린다

하얗도록 너부러진 꽃길
어이 밟을 수 있으랴
봄소식 전해오는 밝은 웃음을

긴긴 겨울 내내
그토록 아름다운 웃음 활짝 피우고저
애타게 기다려온 아쉬움들

시도 때도 없이
그리움 안고
하이얀 눈꽃 되어 흩날리는 세상

기쁨의 날

푸르른 청춘의 꿈을 가슴에 안고
여리디 여린 어깨춤에
휘어질 듯 나약한 허리를 흔들며

학교에서 학원으로
도서관에서 독서실로
동분서주하던 네 모습들

밤을 낮 삼던
너의 기개(氣槪)의 힘이
오늘의 기쁨을 주는 구나

자랑스러운 나의 손녀야
그 푸르른 꿈
더 높이 더 넓게 펼쳐
지상의 영예(榮譽) 마음껏 누려라

어머니

낳으시고 키우시던
깊은 정 따스한 이름
어머니

지키고 기다리시며
참되라 바라시던 그 마음
아직도 까마득한 모습들

정성과 사랑으로
내 허물 수줍은 발자국들
용서의 기도를 드립니다

먼 곳에 계시는 어머니
깊고 넓은 사랑 안고
그리움 되어 다시 오시오소서

가을 하늘

빛 고은 산천에
갈바람 일어서니
천상의 무릉도원 어디메인가

자연의 섭리 따라
열리어진 인생사
믿음이 복음이며
사랑과 은혜가 천국인 것을

버리고 키워가는
폭넓은 지혜와 믿음
높푸른 가을 하늘이 그것인가 하네

가을 엽서

세월의 허무일까
무상함의 아름다움일까
함께 하자는 즐거움일까

바람으로 익어가는
빛의 여운들
곱기도 고와 연서(戀書)되어 날으네

한 잎에는 은혜로운 부모사랑
한 잎에는 일생의 부부사랑
한 잎에는 열매 맺은 자녀사랑

지우고 다듬은 소중한 사연 엮어
바람에 날리고 하늘에 띄워
곱게 곱게 단장된 갈잎 엽서

봄나들이

담 넘어 노오란 개나리가 화들짝 미소 짓는 아침이다. 오늘은 남편과 함께 해맑은 하늘을 바라보며 청권사 쉼터를 향해 걷기운동을 하기로 약속이 되어 있었다.

활짝 피어오른 산수유, 화사한 진달래꽃, 곧게 자란 상수리나무, 벚나무, 리끼다 소나무, 등이 기지개를 펴며 엷은 잎들을 피어오르고 있었다. 겨울 내내 낙엽을 덮고 자란 이름 모를 새순들이 뽀얀 연둣빛의 미소로 솟아오르고 있었다.

그런가하면 나뭇가지를 휘잡고 도는 산새들의 노래 소리며 까치둥지에서 어린 새끼들이 젖 달라며 지지베베를 연발하는 모습이 참으로 경이롭기만 하다. 자연의 신비함을 느끼며 함께 걷던 남편을 향해 수다를 떨어 보지만 오늘 따라 말수가 없는 조용한 표정에서 궁금함이 느껴져 말문을 열어 보지만 별거 아니야 라며 엷은 미소를 지어주는 남편의 모습에서 다소의 안도감을 느껴본다. 언제나처럼 다정다감했던 모습으로 밝게만 웃어주었던 그 옛날의 추억들이 새롭기만 하다.

오늘은 그이를 위하여 무언가 기쁨과 즐거움을 줄 수 있는 이벤트를 만들어 보고자 생각하며 콧노래를 흥얼거리고 있었다. 그때였다. 지나가던 등산객이 가까이 오더니 인사대신 웃으시며 "어쩜 이렇게 행복하세요!" "서리풀 공원에서 가장 행복한 부부시네요" 하면서 칭찬을 아끼지 않으시고 지나가신다. 참으로 고맙고 기쁜 선물이었다.

그래 맞아, 행복이란 사랑하는 사람과의 깊은 대화며 웃음이다는 사실을 망각하고 살았던 것 같다.

'아침에 웃으면 건강을 부르고 점심때 웃으면 화목을 이루고 저녁때 웃으면 피로를 없애 준다고 했었지!'

오늘은 그간 부려보지 못한 나만의 애교로 그이의 마음을 사로잡아 사랑놀이에 흠뻑 젖어보련다.

추석맞이

　추석은 설, 한식, 단오와 함께 우리나라 고유의 4대 명절 중에 하나이다. 계절상으로도 년 중 가장 좋은 절기에 속하여 봄 여름의 고단한 시기를 지나 오곡백과가 무르익어 추수의 시기를 맞는 가을이기에 더욱 그렇다. 덥지도 춥지도 않는 황금빛 들판에 붉게 익어가는 과일이며 울긋불긋 새 단장으로 꾸며 입은 나무들의 황홀한 바람의 물결들 참으로 아름다운 계절이다. 이 화려한 계절을 맞는 중국, 일본, 베트남에서도 추석을 한가위, 가배, 중추절이라 하여 각자의 뜻있는 명절을 지내고 있다.
　우리나라에는 신라 유리왕 때 아낙네들이 베짜기 대회를 하여 팔월 보름날이면 평가를 하여 술과 음식을 나누어 먹으며 온갖 놀이와 가무를 즐기는 명절을 가배라 불리기도 하였다.
　이처럼 추석이 다가오면 흩어져 살던 모든 가족들이 한 자리에 모여 한 해의 즐겁고 괴로웠던 일들을 서로가 위로와 격려를 나누는 시기였던 것이다. 이날이야 말로 한 해의 풍성한 농작물로 만들어진 각양각색의 음식들이 등장하며 3대가 모여 앉아 송편을 빚고 식혜며 수정과며 한과 등을 만들고 남정네들은 윷놀이와 쥐불놀이 등을 즐기는 날이기도 하였다.
　허나 요즈음에는 농촌 생활 보다는 도시 생활에 익숙해진 시대를 살다보니 이러한 고유의 미풍양속을 잊고 살아가는 모습들이 자못 아쉽기도 하다. 그리하여 올해는 손자 손녀들이 제법 성장하여 청소년이 되어 온다기에 색다른 이벤트를 만들어 주고 싶었다.

매년 귀찮다는 생각으로 떡집에서 사다가 먹던 떡이며 가게에서 사다가 먹던 식혜며 수정과 들을 집에서 직접 만들어 주기로 하였다. 옛날처럼 딸과 손녀와 함께 송편도 빚어보고 식혜며 수정과 한과도 만들어 할머니의 솜씨도 자랑하고 싶어졌다.

이는 단순한 자랑이 아니라 먼 먼 훗날 나의 귀엽고 사랑스러운 손자 손녀들에게 아름다운 추억거리를 만들어 주고자 함이었으며 우리의 고유한 문화와 조상들의 삶의 지혜와 생활 방식을 전수 시켜 주고자 함이었다. 다행히도 모든 가족들이 일심동체가 되어 각자가 자기들이 맡은 임무에 정성을 다하여 주는 모습에서 무한한 행복감을 만끽하는 명절이기도 하였다.

이 즐거움을 모르고 살아가는 오늘날의 젊은이들에게 꼭 들려주고 싶다. 내년에도 그 후년에도 또 다른 조상들의 삶의 지혜와 풍습을 전수 시켜주고 싶다. 그것이 삶의 아름다운 모습이며 행복이란 걸 느낄 수 있게 말이다.

추모 예배를 드리며

우리나라 풍습은 유교적인 제사를 지내는 의식이 철저하고 부모를 섬기는 일이고 효도하는 길이라며 제사를 외면하는 기독교인들을 "조상을 모독한다"라고 비난받아 왔다. 그리고 가족에게도 심한 비난을 빚어 왔었다.

그러나 기독교인은 성서의 교훈대로 (출 20:12) 부모님 생존시에 효도하는 것이 원칙이다. 돌아가신 후에도 자손들로 부모님의 기일을 기억하게 하며 크신 은덕을 기념하며 부모님이 남기신 업적과 신앙을 자손들로 계승시키고 자신의 삶을 반성해보고 가족끼리의 친교를 도모하는 하나님을 향한 경건한 예배가 바로 추모 예배다. 추모는 죽은이를 그리워한다는 뜻이며 이는 자손으로서 조상을 기리는 것이 당연하기 때문이다.

태초에 하나님께서 시간을 흙으로 빚어 만드셨기에 사람이 죽으면 그 육신을 흙으로 다시 돌아간다고 하였다. 처음 아담과 하와의 범죄로 말미암아 인간에게 죽음이 왔고 누구라도 죽음은 피할 수 없으며 죽으면 이미 살아있는 사람과의 육체적인 관계는 끝나는 것이다. 제사 지내는 것은 하나님께서 절대 금하신 십계명 1계명과 2계명을(출 20:3-6) 범하여 우상숭배가 되므로 제사는 절대로 드려서는 안 되는 것이다. 성경의 제사나 예배는 받는 대상이 사람이 아니고 오직 한 분이신 하나님만이 받으시는 것이다. 그러므로 우리가 하나님께 예배를 안 드리고 죽은 분에게 제사를 드린다면 결국 마귀를 섬기고 마는 것이다.

그러므로 추모 예배는 기독교적 정신으로 봐서도 권장해야 할 의식이요, 예배이므로 꼭 드리는 것이 좋다. 부모님께서 58년 전 결혼 약속하실 때 교회 나아가서 예배드리는 것을 허락하셨다. "제사는 정성껏 드려야한다"라고 말씀하셨다. 결혼하여 해마다 추석, 설 명절, 고조, 증조부모님께 제사 의식을 드리는 것은 계속되었다. 부모님께서도 세상을 떠나시기 전에는 교회에서 예배를 드리고 장례 예식도 교회에서 주관하셨다.

그러나 남편은 유교적 풍습 그대로를 원하셨다. 저는 제사를 드릴 때마다 음식을 정성껏 준비했었으나 성경 말씀대로 순종하기를 기도로 드렸다.

금년에는 모조 할아버님 기일에 추모 예배를 드렸습니다. 이들이 교회 안수집사님 사명을 받았다. 더 이상 망설일 수 없었기에 성령의 힘입어 말씀을 믿고 용기를 냈다. 기쁜 마음으로 음식을 준비하고 추모 예배를 드렸다. 하나님께서 오랫동안 기다려 주심에 감사드리며 주님께 영광을 올려 드렸다.

노을빛에 타오르는 청춘
양재노인종합복지관 사화집

지 은 이 | 김귀현 외 5명
펴 낸 이 | 정찬우
펴 낸 곳 | 도서출판 밀레
주　　소 | 서울 서초구 효령로 53길 18, 210호
　　　　　(서초동 석탑오피스텔)
　　　　　TEL : (02)588-4671~2
　　　　　FAX : (02)588-4673

등　　록 | 2004년 12월 15일 제2-4078호
발 행 일 | 2022년 1월 20일

값 13,000원
ISBN 978-89-97815-28-9

파본은 본사나 구입하신 서점에서 교환해 드립니다.
이 책은 저작권법에 의하여 보호를 받는
저작물이므로 무단 전재와 복제를 금합니다.